Gerlinde Unverzagt

Kinder brauchen Regeln

Schluss mit den Dauerkonflikten im Familienalltag

Inhalt

5 **„Nur noch ein bisschen fernsehen ..."**
Kinder brauchen Regeln – und Eltern noch viel mehr

11 **„Hatten wir das nicht abgesprochen?"**
Welche Regeln gelten immer und wie viele brauchen wir?

17 **„Wie oft soll ich dir das noch sagen!"**
Regeln finden, aber wie?

23 **„Das macht man einfach nicht!"**
Wo kommen meine Regeln her?

29 **„Opa macht das auch immer!"**
Das Vorbild der Erwachsenen

35 **„Darf ich jetzt oder nicht?"**
Das gute alte Machtwort oder wer ist hier der Chef?

41 **„Kannst du jetzt vielleicht endlich mal ins Bett gehen?"**
Auf die richtigen Worte kommt es an

47 **„Wenn du nicht sofort aufhörst, dann ..."**
Bis hierher – und wie weiter?

53 **„Nie darf ich was bestimmen!"**
Kinder kooperieren, wenn sie auch gefragt werden

59 **„Warum müssen wir uns nur immer so viel streiten?"**
Kinder streiken, um sich Gehör zu verschaffen

63 **Buchtipps**

64 **Impressum**

Rituale geben Kindern Sicherheit und Geborgenheit

„Nur noch ein bisschen fernsehen ...“

Kinder brauchen Regeln – und Eltern noch viel mehr

„Du guckst ja immer noch fern!“ Jonas lässt sich nicht stören, obwohl die Sesamstraße längst vorbei ist. Seine Mutter seufzt und legt ein paar Minuten später nach: „Du solltest doch ausschalten und dein Zimmer aufräumen!“ Der Vierjährige ignoriert auch das. „Hatten wir nicht abgemacht, dass du deine Bauklötze wegräumst, wenn die ‚Sesamstraße‘ vorbei ist?“ Jonas fängt an zu quengeln. „Bitte Mama, nur noch ein bisschen ...“ Seine Mutter wird sauer. „Wenn du dein Zimmer nicht sofort aufräumst, gibt es die ganze Woche keine Sesamstraße mehr!“ Sie schaltet den Fernseher aus und geht in die Küche. Jonas räumt nicht auf und macht den Fernseher einfach wieder an. Irgendwann platzt seiner Mutter der Kragen: „Dann gehen wir morgen auch nicht in den Zoo, dein Freund darf hier nicht mehr übernachten und der Nachtisch ist heute auch gestrichen ....“ Als sie Jonas entsetzten Blick sieht, tut ihr leid, was sie gesagt hat. Sie entschuldigt sich, nimmt alles wieder zurück und bietet zur Versöhnung ein Stück Schokolade an.

Was ist hier passiert? Wie soll ein Kind von vier Jahren auf diesen Ausbruch unserer Hilflosigkeit reagieren? Jonas' Mutter versucht anfangs, an die Vernunft ihres Sohnes zu appellieren und ihren Ärger zu verbergen. „Bitte, bitte, räum doch deine Bauklötze weg!" Wer hat noch nicht erlebt, dass Eltern ihre Kinder geradezu anflehen, dieses oder jenes zu tun? Dabei kehren sie jedoch das Verhältnis zu ihren Kindern um: Kinder kämpfen immer um Macht. Bocken, motzen und quengeln sind ihre schärfsten Waffen. Gleichzeitig wollen sie sich an ihren Eltern orientieren und sich geborgen fühlen. Das geht aber nicht, wenn Eltern als Bittsteller auftreten. Also doch drohen? Die meisten Drohungen sind leer und verpuffen wirkungslos. Sie bewirken nur, dass die Kinder uns nicht ernst nehmen und die Situation immer wieder auf die Spitze treiben. Wenn ein Vier- oder Fünfjähriger merkt, dass er seine überlegene Mutter dazu bringen kann, wie ein Kindergartenkind herumzutoben, dann denkt er sich: „Wow!" Sicher dürfen auch Mütter und Väter mal ausrasten. Aber wenn das öfter vorkommt, gerät man in eine Sackgasse und verzettelt sich in den ganz normalen Krisenherden.

Teufelskreise durchbrechen

Anfangs ist es das Schlafen, zwischen zwei und fünf Jahren das Essen, später das Aufräumen oder das Fernsehen – Ärger mit den Eltern ist für Kinder kein Grund, mit dem Quengeln und dem Trotzigsein aufzuhören. Im Gegenteil: Es entsteht ein Kreislauf, der unangebrachtes Verhalten auch noch belohnt, weil er das Kind im Kampf um Aufmerksamkeit als Sieger hervorgehen lässt. Wie bei Jonas, der für sein Verhalten schlussendlich mit Schokolade verwöhnt wird. Wie oft kochen Eltern ein Festmenü, das von Kindern mit einem „Iiihhh" quittiert wird. Und dann bekommen sie Spaghetti mit Ketchup, nur damit sie überhaupt etwas essen. So werden sie für ihre Antihaltung belohnt und erziehen sich ihre Eltern dazu, auf Kommando zu kochen. Diese Teufelskreise müssen Eltern durchbrechen. Beim Essen hieße das: „Das Essen schmeckt dir nicht? Schade, mir schon." Mehr müssen Sie nicht sagen. Wir Eltern überfordern unsere Kinder oft mit Warum-Fragen: Warum hast du dir die Hände nicht gewaschen? Warum hast du deine Schuhe noch nicht angezogen? Das Kind empfindet diese Fragen nur als das, was sie sind: ein Ausdruck von Hilflosigkeit und Verunsicherung. Doch Kinder brauchen gesicherte Abläufe, Rituale und Regeln – und Eltern brauchen sie auch.

Regeln schaffen Spielräume

Kinder provozieren, damit Eltern reagieren. Wenn die Großen dann keine klare Linie vertreten, geben sie ihre eigene Unsicherheit an die Kinder weiter. Klar fällt es in vielen Situationen schwer, das Verhalten eines Kindes zu reglementieren. Eltern bleibt jedoch nichts anderes übrig, als sich der Wut oder dem Beleidigtsein ihres Sprösslings zu stellen. Dabei kommt es auf das Wie an: Liebevoll, zugewandt und dennoch klar ausgesprochen dienen Regeln, Absprachen und Routinen der Orientierung und schaffen Geborgenheit.

Müssen Eltern dabei immer konsequent sein? Was der Vater zugesteht, sollte die Mutter nicht untersagen. Was heute gerade noch so durchgeht, darf nicht morgen eine Lawine von Vorwürfen auslösen. Nicht beinharte Strenge und dann wieder achselzuckendes Gewährenlassen, sondern Zuverlässigkeit und absehbare Folgen sind nötig. Denn nur wer weiß, was folgt, hat die Wahl, sein Verhalten zu korrigieren oder vorher zu entscheiden, wie er sich verhält.

Erinnern Sie Ihr Kind immer wieder an Ihre Familienregeln und weisen Sie es darauf hin, wenn es eine Regel gebrochen hat. Das hilft ihm, immer mehr Verantwortung für sein Verhalten zu übernehmen.

Elternwünsche – Kinderwünsche

In jeder Familie leben Menschen mit verschiedenen Bedürfnissen und Wünschen zusammen. Manchmal muss einer zurückstecken. Das muss durchaus nicht immer der Vater oder die Mutter sein – aber auch nicht grundsätzlich das Kind. Der fünfjährige Paul will jeden Abend, kaum dass sein Vater die Haustür aufgeschlossen hat, mit ihm spielen. Der Vater ist müde und möchte am liebsten im Sessel sitzen und Zeitung lesen. Er versucht es mit Strenge: „Lass mich jetzt bitte in Ruhe!" Ohne Erfolg. Paul quengelt so ausdauernd, dass an Ruhe nicht zu denken ist. Lustlos macht der Vater ein paar Vorschläge, was Paul um seinen Flughafen herum noch alles bauen könnte. Aber innerlich kocht er schon. Dann sagt er: „Du willst mit mir spielen und ich will mich erst einmal ausruhen. Was machen wir denn jetzt?" Von Paul stammt der Vorschlag, ihm eine Pause zu lassen – unter einer Bedingung: „Wenn der große Zeiger oben ist, spielst du mit mir!" Für einen glatten Verzicht reicht die Einsicht bei den meisten Fünfjährigen noch nicht aus, doch ein Aufschub ist schon mal drin. Zurückzustecken und die Wünsche eines anderen zu respektieren, müssen Kinder noch lernen wie das Radfahren und Rollschuhlaufen. Die Aufmerksamkeit seiner Eltern ist für ein Kind so wichtig wie die Luft zum Atmen. Deshalb sollten Eltern sie nicht dauernd verweigern. Sie müssen mindestens so viele Streicheleinheiten einbringen, wie sie Pflichten und Erwartungen einfordern. Was, wenn man die Kinder einmal am Tag Bestimmer sein lässt? Philipp darf in der Stunde vor dem Schlafengehen bestimmen, was passiert – innerhalb bestimmter Grenzen. Er darf sagen: „Wir spielen jetzt Zirkus. Ich bin der Dompteur, Mama ist der Clown und Papa ist der Löwe." Warum nicht? Wenn Kinder Regeln festlegen dürfen, haben sie das Gefühl, wichtig zu sein und ernst genommen zu werden. Das ist für sie enorm wichtig – und festigt ihre Bereitschaft zu kooperieren.

Auch Eltern haben Grenzen

Wer kennt das nicht: Auf der Arbeit ist es schlecht gelaufen, die S-Bahn hatte Verspätung und zu Hause ist der Kühlschrank leer – alles schon anstrengend genug. Dann weigert sich das vierjährige Töchterchen, im Kindergarten mitzukommen, ist auch müde, erschöpft und weinerlich. Statt Verständnis erntet das Kind Ungeduld und Gereiztheit.

Kinder brauchen keine Eltern, die sich aufopfern, sondern Eltern, die zufrieden sind. Manchmal ist es wichtiger, zuerst nach sich selbst zu schauen.

Viel häufiger, als man wahrhaben will, liegen die Gründe für unsere Wut nicht bei den Kindern. Es genügt eine Kleinigkeit, um das Fass zum Überlaufen zu bringen. Wirklich ändern kann sich erst etwas, wenn man genau hinschaut und versucht, den eigenen Beitrag an der Situation zu erkennen.

Versuchen Sie herauszufinden, wo ihre wunden Punkte liegen, und gehen sie pfleglich mit ihnen um. Es ist in Ordnung, erschöpft zu sein, schlechte Laune zu haben, sich überfordert zu fühlen. Es kommt nur darauf an, was Sie daraus machen. Gut für sich selbst sorgen zu können, ist eine wichtige Voraussetzung, um gut für andere sorgen zu können. Bestimmte Regeln aufzustellen und für ihre Einhaltung zu sorgen, ist ein Teil davon.

Familienregeln müssen passen

Haben Sie das Gefühl, immer wieder dieselben Konflikte mit Ihrem Kind auszutragen? Dann haben Sie vielleicht zu wenig Dinge abgesprochen. Überprüfen Sie, wie es in Ihrer Familie um die Regeln bestellt ist:

◣ *Sammeln Sie, welche ausgesprochenen und unausgesprochenen Regeln es in Ihrer Familie gibt. Welche davon sind hilfreich und auf welche können Sie verzichten?*

◣ *Überlegen Sie, bei welchen Themen es in Ihrer Familie immer wieder Krach gibt. Fallen Ihnen Regeln ein, die hier weiterhelfen können?*

◣ *Überlegen Sie gemeinsam mit Ihrem Partner, welche Erziehungsziele Ihnen besonders wichtig sind und wie Sie sich das Zusammenleben in Ihrer Familie wünschen. Daraus lassen sich konkrete Regeln für den Alltag ableiten.*

◣ *Überprüfen Sie, in welchen Situationen Sie bereit sind, Kompromisse mit Ihrem Kind einzugehen, und in welchen nicht. Geben Sie nach, wenn es gut möglich ist, aber bleiben Sie hart, wenn Ihnen etwas ganz wichtig ist.*

◣ *Überlegen Sie sich bei Dingen, die Sie erlauben: Werde ich das morgen auch noch zulassen? Prüfen Sie bei Verboten, ob das Verbot wirklich notwendig ist.*

◣ *Machen Sie nicht den Fehler, zu viele Regeln aufzustellen, sonst beschwören Sie nur Chaos herauf. Eine begrenzte Anzahl vernünftiger Regeln funktioniert am besten.*

◣ *Schaffen Sie in Ihrer Familie eine Gelegenheit, zum Beispiel eine gemeinsame Mahlzeit, bei der über die geltenden Regeln gesprochen und eventuell neue Absprachen getroffen werden können.*

Kinder brauchen aufmerksame Gesprächspartner, die sich für sie interessieren

„Hatten wir das nicht abgesprochen?"

Welche Regeln gelten immer und wie viele brauchen wir?

Julian isst, wie er will. „Soll er doch mit dem Kakao gurgeln und die Tomatensoße durch die Maccaroni schlürfen", sagt sein Vater ergeben. „Wenn ich ihm jetzt sein Vergnügen lasse, wird er irgendwann von selbst damit aufhören." Unmöglich, findet Paulas Mutter. Paula isst Nudeln mit Tomatensoße beinahe kleckerfrei und matscht auch sonst nicht mit dem Essen. Bei anderen Dingen nimmt es ihre Mutter nicht so genau. Paula muss sich nicht allein die Jacke ausziehen oder ihr Zimmer aufräumen. Doch beim Essen gibt ihre Mutter nicht nach: Es ist ihr wichtig, dass Paula bei den Mahlzeiten keine Sauerei veranstaltet. Julians Vater setzt andere Schwerpunkte: „Wenn mir etwas wirklich wichtig ist, dann berühre ich Julian am Arm, schaue ihn direkt an und sage ihm, um was es mir geht." Das funktioniert eigentlich immer: Julian hört auf, Krach zu machen, schaltet den Fernseher aus oder teilt die Gummibärchen mit seiner Schwester. Julians Vater findet dies viel wichtiger als das ordentliche Essen.

Manche Eltern sind strikt gegen Belohnungen, andere finden nichts dabei, einen Schokoriegel für das Zimmeraufräumen zu versprechen. Manche Eltern möchten, dass Kinder mit fünf Jahren im Haushalt mithelfen, andere finden es einfacher, den Esstisch schnell allein abzuräumen. Familiengewohnheiten sind verschieden, jedes Kind ist anders – und Eltern sind es auch. Wichtiger als das Aufstellen langer Regelwerke ist es, hinzuschauen, zuzuhören, zu beobachten und nachzudenken – und zwar über das eigene Kind, die eigene Familie, das eigene Leben. Man kann Eltern nicht vorschreiben, wie sie unter ihren ganz persönlichen Bedingungen mit einem völlig einzigartigen Kind umzugehen haben. Allerdings muss auch nicht jede Familie jeden Tag die Erziehung neu erfinden. Ein paar Strategien haben sich bewährt, zum Beispiel wenige, aber sinnvolle Rituale, an die sich alle halten: Schuhe ausziehen beim

> Achten Sie beim Aufstellen Ihrer Familienregeln auch auf Ihre Bedürfnisse: Wie viele Pausen brauche ich? Wie viel Krach kann ich vertragen?

Eine Regel, auf die Verlass ist: Abends nach dem Zähneputzen wird vorgelesen

Reinkommen, Schokolade nur nach dem Essen, Aufräumen vor dem Schlafengehen. Familienregeln müssen keinem Erziehungsideal gehorchen, sondern zum Alltag passen. Oft hilft es schon, sich zunächst klarzumachen, was man erreichen will: Soll das Kind morgens rechtzeitig aus dem Bett kommen? Das Geschwisterkind nicht ärgern? Abends kein Theater machen? All dies ist nicht gleich wichtig und muss schon gar nicht perfekt funktionieren.

Allerdings sollte der Alltag eines Kindes nicht ganz und gar geregelt sein. Spontaneität und Freiheit brauchen ihren Platz. Regeln dürfen sich ändern oder sogar abgeschafft werden, und auch Ausnahmen müssen sein: Draußen scheint die Sonne, ein ideales Wetter, um an die frische Luft zu gehen. Linda will aber lieber zu Hause bleiben, sich nicht anziehen, obwohl es schon 11 Uhr ist. Ihre Mutter besteht darauf, dass sie sich die Zähne putzt, ihr Zimmer aufräumt und mitgeht. Sie streiten. Das Mädchen lenkt ein: „Darf ich heute mal nach dem Spielplatz aufräumen?" Eltern vergeben sich nichts, wenn sie sich einem guten Argument beugen. „Du hast recht, wer weiß, wie lange die Sonne noch scheint!", sieht Lindas Mutter ein. „Aber du weißt, dass du dann dein Zimmer in Ordnung bringen musst." Kinder verstehen ohne Weiteres, was Ausnahmen sind – wenn die Regeln sicher gelten.

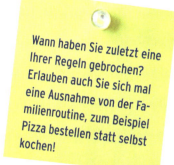

Wann haben Sie zuletzt eine Ihrer Regeln gebrochen? Erlauben auch Sie sich mal eine Ausnahme von der Familienroutine, zum Beispiel Pizza bestellen statt selbst kochen!

Wo gelten Regeln – und wo nicht?

Die Erziehungsgrundsätze von Eltern werden von außen immer wieder herausgefordert. Denn eine Familie ist keine geschlossene Veranstaltung. Es gibt Kindergeburtstage, und schwups, sind die Barbies im Haus. Es gibt Ausflüge mit Freunden auf den Rummel oder das Ritterfest – und auf einmal finden sich Plastikpistolen und Holzschwerter im Kinderzimmer. Und zum fünften Geburtstag überreicht ausgerechnet Oma rosafarbene Bettwäsche mit Glitzersternchen. In keiner anderen wird das Töchterchen jemals schlafen wollen ...

Dürfen sich Großeltern, Freunde und Verwandte über die Erziehungsgrundsätze der Eltern hinwegsetzen? Ja, dürfen sie. Oma hat den Eltern vielleicht die Laune verdorben, aber sie darf schenken, was sie schenken möchte. Schließlich ist sie nicht die Erziehungsberechtigte, sondern darf ihre Enkelin einfach glücklich machen wollen. Allerdings ist es umso wichtiger, dass sich Vater und Mutter einig sind, wenn schon

Familienmitglieder und Freunde die Regeln gelegentlich relativieren. Solche Grenzüberschreitungen von außen können Kinder ganz gut einordnen. Untergräbt und missachtet aber ein Partner ständig die gemeinsame Linie, werden auch Kinder verunsichert und zaghaft. Erziehung ist Teamsache, und im Team muss es einig zugehen. Wenn Eltern sich nicht gegeneinander ausspielen lassen wollen, müssen sie eine gemeinsame Linie finden.

Kinder finden Regeln gut

Die schärfsten Verteidiger von Regeln sind oft die Kinder selbst. Unerbittlich wacht Joshua darüber, dass sein Vater nicht losfährt, ohne sich vorher angeschnallt zu haben. Vier- und fünfjährige Kinder sind oft fasziniert von Gesetzen, Polizisten und Gefängnissen. Was gut und was böse ist, wer richtig und wer falsch handelt, haben sie genau im Blick. Und nach und nach entdecken Kinder begeistert, dass auch ihre mächtigen Eltern sich Verboten unterordnen müssen. „Wenn Mama bei Rot über die Ampel fährt, muss sie ins Gefängnis", stellen aufmerksame Beifahrer im Kindersitz mit unverhohlener Genugtuung fest. Hören Sie einmal zu, wie Ihr Kind und seine Freunde unermüdlich die Regeln, nach denen gespielt werden soll, miteinander diskutieren. Daran kann man anknüpfen!

Was noch wichtiger ist

Eltern können ihren Kindern heute so manchen Wunsch erfüllen: den CD-Player, die Lego-Raumstation, die Xbox, den Kinobesuch mit Popcorn, das Eis zwischendurch. Mit einem knausern sie aber oft: mit ihrer Zeit. Finn will unbedingt mit Mama Slalom auf dem Fahrrad üben und Laura lädt Papa zum Kaffeeklatsch mit Barbie ein. „Keine Zeit", „Später" oder „Jetzt nicht" heißt es dann oft, wenn Kinder von ihren Eltern etwas wollen. Mit sechs Jahren braucht man zwar nicht mehr rund um die Uhr beschäftigt zu werden. Aber wenn man sich mit einem Anliegen an die Eltern wendet, will man auf offene Ohren stoßen! Kindern zuzuhören, wenn sie erzählen, was sie beschäftigt, und ernsthaft mit ihnen zu reden, ist mindestens genauso wichtig wie das abendliche Aufräumen. Es muss ja nicht immer etwas Großartiges sein: Wenn Bastian mit Papa das Fahrrad repariert, dauert das vielleicht ein bisschen länger. Darauf kommt es aber gar nicht an. Wenn man etwas gemeinsam macht, wächst das Gefühl, zusammenzugehören. Man lernt sich zu schätzen und kann auch eher einmal nachgeben, wenn der andere mal nicht so will wie man selbst.

Die Ordnung auf den Kopf stellen

Stellen Sie von Zeit zu Zeit die gewohnten Familienregeln auf den Kopf, das macht Kindern und oft auch den Erwachsenen großen Spaß. Dabei sind der Kreativität keine Grenzen gesetzt:

◤ Veranstalten Sie ein „Benimm-Essen": Dabei dürfen die Spaghetti mit den Fingern gegessen und der Nachtisch aus der Schale geschlürft werden.

◤ Drehen Sie die gewohnte Schlafordnung um: Heute dürfen mal die Kinder im Elternbett nächtigen und die Erwachsenen ziehen ins Kinderzimmer um. Oder die ganze Familie schläft gemeinsam auf einem großen Matratzenlager.

◤ Laden Sie die Familie zu einem Abendessen-Picknick auf dem Wohnzimmerteppich ein – und heute darf nach Herzenslust gekrümelt werden.

◤ Veranstalten Sie einen „Schlafanzug-Sonntag", an dem die ganze Familie sich nicht anzuziehen und das Haus zu verlassen braucht.

Solche Ausnahmetage sind für Kinder etwas ganz Besonderes, an das sie sich noch lange erinnern können, manchmal über die Kindheit hinaus. Wissen Sie noch, ob es bei Ihnen zu Hause Tage gab, an denen ganz andere Regeln galten als gewöhnlich?

Kinder brauchen Antworten auf ihre Fragen nach dem Leben

„Wie oft soll ich dir das noch sagen!"

Regeln finden, aber wie?

Marlene geht nach dem Kindergarten mit zu Leo. Die beiden spielen versunken. Dann kommt Marlenes Mutter und will ihre Tochter abholen – und wieder geht das Geschrei los. Marlene will bei Leo schlafen. Dagegen wäre auch nichts einzuwenden, wenn das vorher verabredet gewesen wäre. Marlenes Mutter ist hin- und hergerissen. Einerseits käme ihr ein kinderfreier Abend sehr gelegen, andererseits ist sie sauer, weil sie sich den Weg durch den Berufsverkehr hätte sparen können, wenn die Übernachtung vorher geplant gewesen wäre. Und außerdem geht ihr das Theater auf die Nerven – immer dasselbe. Marlene kann sich nicht losreißen, es gibt Tränen und Geschrei.

Wenn Sie mit Ihrem Kind vereinbart haben, dass es nach einem Spielnachmittag beim besten Freund abgeholt wird, erinnern Sie es vorher an diese Regel und geben Sie erst dann das Okay für die Verabredung, wenn das Kind zugestimmt hat. Bleiben Sie konsequent, wenn das Gequengel beim Abholen beginnt – auch wenn das bedeutet, dass Sie tief durchatmen, bis hundert zählen und erklären müssen, was ein Kind nicht hören möchte: Nein! Wenn Ihr Nein wirklich Nein bedeutet, helfen Sie Ihrem Kind, sich darauf einzustellen. „Übernachtungen müssen einen Tag vorher abgesprochen werden", „Fernsehen erst nach dem Aufräumen", „Alles, was nach 18 Uhr auf dem Küchentisch herumliegt, wandert in den Müll" – Regeln wie diese kürzen die Endlosschleife immergleicher Ermahnungen ab. Solche Regeln sind weder unterdrückend noch einengend. Wenn wir Kinder nur ihren Wünschen überlassen, lassen wir sie allein. Denn sie sind noch zu klein, um entscheiden zu können, wo sie übernachten, wie viel sie fernsehen und wann sie ihre Gummistiefel wegräumen, sondern stecken noch mitten im Aufbau ihrer Persönlichkeit. Als Eltern sind wir verpflichtet, ihnen die Instrumente an die Hand zu geben, die sie zum Heranwachsen brauchen. Unsere Rolle besteht darin, ihnen als Stütze und Gerüst zu dienen, ohne die ein Gebäude nicht stehen kann. Ein Kind kann sein Leben nicht ganz allein erfinden, es muss sich an etwas Solidem und Zuverlässigem orientieren können.

> Wenn Kinder in der Familie nicht lernen, sich an Regeln zu halten, werden sie es im Kindergarten und in der Schule schwerer haben.

Absprachen reduzieren Streit

„Ich bin satt!", sagt Jannis. Das angeknabberte Käsebrot soll Papa aufessen. „Gibt's Nachtisch?", schiebt er noch hinterher. Wie immer schimpft nun seine Mutter. „Du hast doch gesagt, dass du satt bis. Und jetzt willst du wie immer noch was Süßes!" Jakob sieht das nicht ein und möchte partout noch einen Joghurt essen. Wie schon so oft verdirbt der Streit der ganzen Familie die Freude am Essen. Bis Jakob mit seinen Eltern eine Vereinbarung trifft: Nur wenn er zukünftig sein Brot aufisst, darf er nach einem Nachtisch fragen, und nur dann, wenn alle anderen auch aufgegessen haben. Absprachen wie diese sind natürlich keine Garantie dafür, dass immer alles wie am Schnürchen läuft. Ein Pudding ist eben doch verlockender als eine Käsestulle und wer einen Bärenhunger hat, häuft sich lieber dreimal mehr Spaghetti auf den Teller, als er schaffen kann. Kinder sind eben Kinder: Sie sind laut, übermütig, neugierig, voller Tatendrank und ja, auch gierig. Wenn es in Familien eine wahrhaft vergebliche Schlacht gibt, dann ist es die ums Essen. Denn Kinder merken schnell, dass ihre Mütter bei diesem Thema besonders empfindlich reagieren – und zum Essen zwingen kann man nun mal niemanden. Natürlich können Sie alle Register ziehen und Druck ausüben. Oder Sie vertrauen darauf, dass ein Kind mit vier, fünf, sechs Jahren einen inneren Kompass hat und sich nimmt, was es braucht. Vorausgesetzt, Sie kaufen die notwendigen Lebensmittel ein. Ihr Kind entscheidet dann selbst, was und wie viel es von dem, was auf dem Tisch steht, isst. Und lassen Sie sich nicht provozieren. Ein Stück Brot mit Marmelade und danach Obst ist

> Das gemeinsame Essen soll allen Freude machen. Das sollte die oberste Maxime bei den Familienmahlzeiten sein. Überlegen Sie, mit welchen Regeln das möglich ist.

Das A und O im Familienalltag: der liebevolle Kontakt zu Ihrem Kind

auch eine ausgewogene Mahlzeit. Die einzigen Grundregeln, für die sich ein Einsatz lohnt, sind: keine leeren Kalorienbomben zwischen den Mahlzeiten außer an besonderen Tagen, und Nachtisch oder Süßigkeiten gibt es erst nach Eiweiß und etwas Grünem.

Eins nach dem anderen

Wenn Sie von Ihrem Kind ein bestimmtes Verhalten erwarten, überlegen Sie sich vorher einen Stufenplan, an dem Sie festhalten: Fordern Sie Ihr Kind zum Beispiel auf, die Kuscheltiere in den Korb zu räumen. Und halten Sie daran fest. Sagen Sie: „Ich möchte, dass du die Kuscheltiere in den Korb räumst." Ignorieren Sie die zweite Protestwelle und wiederholen Sie Ihre Forderung wie eine Schallplatte mit Sprung. Im Normalfall reicht die Entschlossenheit von Eltern aus, um das Kind zu bestimmten Dingen zu bewegen. Wenn aber nach der dritten Aufforderung immer noch nichts passiert ist, müssen Taten folgen. Denn Kinder lernen aus den Folgen! Also: Kinder dürfen fernsehen, spielen, eine Geschichte hören, aber nur, wenn sie eine Pflicht erfüllt haben. Im Kindergarten klappt das immer. „Bevor wir ein neues Spiel anfangen, räumen wir das alte weg." Das funktioniert auch zu Hause: „Du möchtest eine Legoburg bauen? Klar, kannst du das machen, sobald du die Malfarben in die Kiste gepackt hast."

Dass jedes Verhalten Folgen hat, lernt ein Kind am besten, wenn es diese Erfahrung auch machen darf. Die Folge erwächst am besten aus dem problematischen Verhalten selbst: Wer alles stehen und liegen lässt und sich auch nach der dritten Ermahnung nicht ans Aufräumen macht, der muss in Kauf nehmen, dass keine Zeit zum Vorlesen bleibt – denn die geht nun fürs gemeinsame Aufräumen drauf. Das ist keine aus der Luft gegriffene Strafe, sondern ergibt sich als Konsequenz aus dem eigenen Verhalten. So kann ein Kind lernen, sein Verhalten zu verantworten. Und darum geht es ja schließlich. Wenn Sie eine Konsequenz angekündigt haben, müssen Sie aber auch Taten folgen lassen. Kinder werden sonst leicht elterntaub. Das gilt auch für Versprechen und Belohnungen: Wer seinem Kind eine zweite Gutenachtgeschichte angekündigt hat, muss diese auch vorlesen – auch wenn das Telefon gerade klingelt und eine gute Freundin dran ist. Doch Eltern haben durchaus das Recht, sich nicht alles gefallen zu lassen. Man kann schon mal sagen: Das ist deine schlechte Laune, nicht meine. Tob dich aus und lass mich in Ruhe.

Aber halten Sie die Tür zur Versöhnung immer einen Spalt weit offen. Wer mit den Worten „Ich will dich hier nicht mehr sehen!" aus dem Zimmer geschickt wird, kann kaum auf gute Gedanken kommen. „Wenn du dich beruhigt hast, kannst du wieder reinkommen" lässt kleine Nervensägen wissen: Du kannst dich auch anders verhalten. Dann bist du willkommen. Das Gute daran ist, dem Kind die Verantwortung für die Länge der Auszeit zu übergeben. Aber das Angebot einer Friedenspfeife alle paar Minuten – das ist wichtig.

Jede Familie ist einzigartig

Wenn es um die richtige Erziehung eines Kindes geht, wollen am liebsten alle mitreden – die Nachbarin, die Großeltern oder die Mitsurfer im weltweiten Netz. Jeder scheint ganz genau zu wissen, was das Beste für ein Kind ist, und alle verfechten dabei einen etwas anderen Ansatz. Ein Grund mehr, sich als Eltern auf das eigene Bauchgefühl zu verlassen. Sie kennen schließlich Ihr Kind am längsten. Wie Sie als Familie zusammenleben, dürfen allein Sie entscheiden, das brauchen Sie sich von niemandem vorschreiben zu lassen. Auch beim Thema Regeln können Sie als Eltern sehr genau einschätzen, welche sinnvoll und hilfreich sind und welche nicht. Vertrauen Sie auf Ihre Intuition und darauf, dass Sie eine ganz besondere Familie haben, die sich gerade durch ihre vielen Eigenheiten auszeichnet – sonst wäre es ja auch langweilig!

▶ *Welche Erfahrungen zeigen mir, dass ich ein gutes Gespür für mein Kind und seine Bedürfnisse habe?*

▶ *Lasse ich mich von der Meinung meiner Mitmenschen leicht aus dem Konzept bringen?*

▶ *Kommt es häufig vor, dass ich lange darüber grüble, ob etwas richtig oder falsch, gut oder schlecht für unsere Familie ist?*

Grenzen sind für Kinder wie ein sicherer Hafen, von dem aus sie die Welt entdecken

„Das macht man einfach nicht!"

Wo kommen meine Regeln her?

„Fertig!" Ganz alleine hat sich die fünfjährige Marie heute angezogen. Stolz steht sie da. Das Sommerkleid trägt sie trotz des kalten Wetters immer noch, doch sie hat eine dünne Jacke darübergezogen und darunter eine lange Hose. „Wie siehst du denn schon wieder aus!", ruft ihre Mutter. „So kannst du nicht in den Kindergarten gehen!" – „Ich will aber!" – „Auf keinen Fall! Wir suchen etwas anderes!" Marie stampft mit dem Fuß auf. „Ich will mich nicht umziehen!"

Was jetzt? Maries Mutter ist verunsichert. Soll sie die Wünsche ihrer Tochter akzeptieren, damit sie endlich losgehen können? Ihre starke Persönlichkeit begrüßen? Oder soll sie darauf bestehen, dass Marie in ordentlichen und zur Jahreszeit passenden Kleidern in den Kindergarten geht? Noch dazu wollte sie nie so klingen wie ihre eigene Mutter: „Zieh dich anständig an. Was sollen denn die Leute denken!" Jetzt ist es ihr doch herausgerutscht.

Eltern bringen ihre ganz eigene Geschichte mit in die Familie. Auch wenn man es nicht immer wahrhaben möchte: Die eigene Kindheit spielt bei der Vorstellung, wie Kinder erzogen werden sollten, eine wichtige Rolle. Da gibt es die Mutter, die eine strenge Erziehung genossen hat und möchte, dass ihre Kinder mit festen Regeln und klaren Grundsätzen aufwachsen: „Zuerst die Pflichten, dann das Vergnügen". Der Vater ist lockerer und räumt den Wünschen der Kinder einen großen Spielraum ein, weil er dankbar für die Freiheiten ist, die seine Eltern ihm gelassen haben. Deshalb ist es Maries Vater auch egal, wenn sie mit Sommerkleid und langer Hose in den Kindergarten gehen will. Die eigenen Vorlieben möglichst unbelastet von Vorschriften entdecken zu können, das findet er wichtig. Das will er seinen Kindern weitergeben. „Mir hat das auch nicht geschadet", sagen beide Elternteile – und beide haben recht. Aber jeder nur ein bisschen.

Tauschen Sie sich mit Ihrem Partner über die Erziehung in Ihren Elternhäusern aus. Was fanden Sie gut, was möchten Sie anders machen?

Erziehungsziele sind heute individuell

Jede Zeit hat ihre eigenen Vorstellungen von Erziehung, die widerspiegeln, was als wichtig gilt. Verbindliche Vorgaben darüber, wie man leben soll, gibt es heute nicht mehr: Alles ist erlaubt. Gleichwohl belagern Ansprüche unseren Alltag. Im Grunde müssen wir uns ständig neu erfinden, eigene Grenzen nach innen markieren und nach außen vertreten, neue Rollen mit Leben füllen und manchmal einen gemeinsamen Nenner für gegensätzliche Bedürfnisse der Familienmitglieder finden. Die meisten Eltern kommen irgendwie zurecht, auch wenn sie jahrelang nur wenig Schlaf finden und sich immer ein paar Sorgen zu viel machen. Sie ziehen ihre Kinder groß, indem sie sich an allgemeinen Prinzipien des Anstands und der Fairness orientieren, an fast vergessenen Maximen der eigenen Eltern, die in einer ganz anderen Zeit gelebt haben. Die Frage, was genau gegen das gleichzeitige Tragen von Kleidern und Hosen spricht, hält einer genauen Musterung nicht stand – außer, dass man es selbst als Kind nicht durfte.

„Man blamiert sich ja mit dir!"

Auch dieser Satz aus der eigenen Kindheit klingelt Eltern heute manchmal noch in den Ohren. Auch er wirft Fragen auf: Müssen unsere Kinder eigentlich gutes Benehmen lernen? Wie wollen wir es denn mit den Umgangsformen der Kinder halten? Wie die eigenen Eltern? Nein, eher nicht. Doch wie dann? Was ist uns wirklich wichtig?

Es hilft ja nichts: Menschen müssen lernen, sich so zu verhalten, dass sie in der Gesellschaft nicht anecken, andere Leute nicht ärgern oder in Verlegenheit bringen, und das am besten von

Gutes Benehmen kann man auch spielerisch lernen. Lassen Sie Ihr Kind zum Beispiel vormachen, wie sich die schicke Dame in einem feinen Restaurant verhält.

Was ist uns wichtig?

Heute ersetzen Ratgeber die moralischen Vorgaben von früher. Wenn ein zweijähriges Kind einem anderen Sand in die Augen wirft, forschen seine Eltern eher nach dem Grund dafür, statt dem Kind nur zu sagen, dass es das nicht darf. Das strikte „Das tut man einfach nicht!" hat längst ausgedient.

Genaugenommen sind die vielen kleinen Dauerbaustellen in Familien gerade deswegen sinnvoll. Egal ob es um Schlafenszeiten, Essgewohnheiten, Aufräumen, Kleidungsvorlieben oder angemessenes Benehmen geht – Kinder werfen durch ihr Verhalten Fragen auf, mit denen ihre Eltern sich befassen müssen. Es lohnt sich durchaus, sorgfältig nach den Gründen zu suchen, aus denen heraus man eine bestimmte Regel durchsetzen will:

▸ *Woher kommen meine Regeln?*

▸ *Wie finde ich Regeln, die zu meiner Familie passen?*

▸ *Was will ich erreichen und warum ist mir das wichtig?*

Das ist keine zusätzliche Belastung, sondern Teil der eigentlichen Aufgabe von Menschen, die mit Kindern zusammenleben.

Kindesbeinen an. Wenn ganz kleine Kinder sich für Geschenke nicht bedanken, mag das noch hingenommen werden. Von Vier-, Fünfjährigen erwarten Erwachsene langsam mehr. Doch auch das kann man jenseits von Drill und Dressur locker angehen. Im Allgemeinen wissen auch kleinere Kinder schon ganz gut, was Erwachsenen gefällt. Rühren die süßen Dreijährigen nicht immer noch ans Herz, wenn sie ein kleines „Dante sssön" wispern, bevor sie sich über ihr Eis hermachen? Ganz von allein und ohne dass Eltern eingreifen, nur über den Beifall der Umwelt angespornt, durchläuft hier ein Kind seine erste höfliche Phase. Das legt sich zwar wieder, aber eine wichtige Erkenntnis über gutes Benehmen dämmert schon: Es kommt gut an. Wer die Metzgersfrau lieb anlächelt, bekommt eine Wurst. Wer dem Apotheker für den Traubenzucker dankt, kriegt beim nächsten Mal bestimmt wieder einen.

Andere Familien, andere Sitten

Bricht die Zeit der Rollenspiele an, steht auch dem guten Ton eine neue Blüte bevor – vorausgesetzt, das Kind erlebt Erwachsene, die im Alltag solche Floskeln verwenden. Da stehen die höflichsten Kinder der Welt im Kaufmannsladen. „Darf es sonst noch etwas sein?", „Möchten Sie, dass ich ihre Bananen einpacke?", „Einen schönen Tag noch!" Irgendwie kriegen sie's doch alle mit: Fünf- und Sechsjährige wissen, dass man sich für ein Geschenk bedankt, und ahnen, dass das Messer neben dem Teller nicht dazu da ist, um Kerben in den Tisch zu ritzen.

Was allerdings gutes von schlechtem Benehmen genau unterscheidet, wird nicht nur auf der ganzen Welt verschieden interpretiert, es gibt auch in jeder Familie andere Auffassungen darüber. Wie bei den übrigen Familienregeln es ist eine Frage der Übereinkunft, welche Umgangsformen angemessen sind. Bei Meiers dürfen die Kinder immer mit allem dazwischenplatzen, was ihnen gerade auf dem Herzen liegt. Müllers dagegen legen Wert darauf, ungestört ein Gespräch unter Erwachsenen führen zu können. Dass Kinder zu schweigen haben, wenn Erwachsene reden, verlangt heute niemand mehr. Doch es ist ganz angenehm, einen Satz beenden zu können, ohne dass der Dreijährige dazwischenruft, am Hosenbein zerrt oder mit anderen drastischen Einfällen zu verhindern versucht, dass die Aufmerksamkeit seiner Mutter einen Moment lang nicht bei ihm liegt. Keine leichte Übung für kleine Kinder, aber ungemein nervenschonend für Erwachsene.

Unsere Herkunft ist oft auch die unserer Regeln

Viele Regeln übernimmt man einfach so. Dabei hilft es manchmal, sich über die Gründe dafür Gedanken zu machen.

Denken Sie einmal an Ihre Eltern:

▸ *Welche Erinnerungen tauchen auf?*

▸ *Was hätten Sie gerne mit Ihrer Mutter oder Ihrem Vater zusammen unternommen?*

▸ *Was hätten Sie sich von ihr oder ihm gewünscht?*

▸ *Welche Regeln konnten sie als Kind nicht nachvollziehen?*

Sich über Tischsitten in ihren Elternhäusern auszutauschen, kann für Eltern sehr erhellend sein:

▸ *Lohnt es sich, einige dieser Regeln zu übernehmen?*

▸ *Welche auf keinen Fall und warum?*

▸ *Wollen Sie genau das Gegenteil erreichen?*

▸ *Soll es in Ihrer Familie Unterschiede zwischen Alltags- und Festtagsessen geben?*

Kinder brauchen lebendige Vorbilder, an denen sie sich orientieren können

„Opa macht das auch immer!"

Das Vorbild der Erwachsenen

„Danke fürs Kochen!", wispert der sechsjährige Philipp, bevor er sich mit Heißhunger über die große Portion Spaghetti Bolognese hermacht, die seine Mutter heute für ihn gekocht hat. Verblüfft über diesen ungewöhnlichen Ausbruch von Höflichkeit schaut sie ihren Sohn an. Der lächelt kurz und kaut mit vollen Backen weiter. Sie freut sich, wundert sich aber sehr. Schließlich hat sie Philipp niemals gesagt, dass er sich vor dem Essen fürs Kochen bedanken soll. Wo hat er das nur her?, fragt sie sich im Stillen. Philipp deutet ihre Verwunderung richtig und klärt sie auf: „Na, das sagt Opa doch auch immer!" Jetzt fällt es ihr wieder ein. Seit vielen Jahren macht ihr Schwiegervater das so und jetzt hat sich sein Enkel die schöne Gewohnheit, der Köchin zu danken, offenbar abgeschaut.

Gute Vorbilder kommen auf leisen Sohlen daher, und sie wirken anders als schlechte – nicht sofort, aber langfristig. Der erste Ort im Leben, an dem Menschen einander kennen, sich nahestehen, zuhören und helfen, voneinander lernen und aufeinander achten, ist die Familie, in der sie aufwachsen. Ganz gleich, wie ihr Zuschnitt aussieht: In der Familie erfahren Kinder, dass eine Ordnung aus Regeln und Gewohnheiten ihnen selbst dient und dass die gegenseitige Achtung hilft, diese Ordnung aufrechtzuerhalten – oder auch nicht. Die Fähigkeiten, Regeln einzuhalten, wurzeln in der Familie, in der man aufgewachsen ist.

Kinder brauchen Muster, um sich im Leben orientieren zu können. Sie arbeiten mit dem, was sie vorfinden. Die eigenen Eltern sind daher ganz selbstverständlich ihre Vorbilder, denn Kinder haben noch keine Vergleichsmöglichkeiten. Sie können nicht entscheiden, was an bestimmten Regeln gut oder schlecht ist, wozu sie gedacht sind, wofür sie stehen, welche Folgen ihr Fehlen nach sich ziehen würde. Kurz: Was sie uns wert sind – und wie anstrengend wir selbst es ja auch finden, uns an sie zu halten. Wie man liebt, redet, denkt, handelt, Probleme löst, Konflikte austrägt, gewinnt, verliert, trauert, sich freut – all dies lernen Kinder zuerst am Beispiel ihrer Eltern. Erst später erfahren sie, dass man es auch anders machen kann.

In der Familie finden Kinder Sicherheit und Geborgenheit

Ohren auf im Straßenverkehr

An kaum einem Ort können Kinder ihre Eltern so ungestört beobachten wie im Auto. Im Blechpanzer fühlen wir Erwachsenen uns geschützt und lassen ungehemmt unserer Wut auf die anderen Verkehrsteilnehmer freien Lauf. Während wir uns durch den Feierabendverkehr schimpfen, entgeht dem aufmerksamen Publikum auf dem Rücksitz nichts. Aus dem ungebremsten Ausbruch von Aggressionen schließen Kinder: Es ist in Ordnung, andere zu beschimpfen, solange sie einen nicht hören können, oder jemanden abzudrängen, weil man es eilig hat. Kinder, die ihren fluchenden Eltern zuhören, erkennen unmittelbar, wie viel die Erwachsenen selbst von den Werten, Umgangsformen und Regeln halten, die sie sonst so gerne predigen. Wie genau das Ergebnis der kindlichen Beobachtung aussieht, kann man sich dann zu Hause anhören, wenn zum Beispiel auf dem Spielteppich die Matchbox-Autos ausgepackt werden. Hier stellt sich die Frage: Welches Bild gewinnt mein Kind aus meinem Verhalten? Und: Gefällt mir das, oder sind Korrekturen nötig?

Vorleben statt vorschreiben

Deshalb ist das gute Vorbild so wichtig. Das meiste dessen, was wir vermitteln, geschieht über die Körpersprache. Lange bevor ein Kind Wörter und Sätze versteht und benutzt, hat es gelernt, in Mimik, Gesten und Bewegungen seiner Eltern zu lesen – Stimmungslagen zu erforschen, Absichten zu erkunden und Beweggründe zu erahnen. Lange bevor ein Kind versteht, worum es sich bei einer abstrakten Gedankenkonstruktion wie gegenseitigem Respekt handelt, hat es gelernt, diesen in einem bestimmten Verhalten zu erkennen.

Doch was, wenn wir Erwachsenen uns vor der Frage drücken, ob wir das, was wir von anderen fordern, auch uns selbst abverlangen? Wer seine Kinder ständig nur anschnauzt, kann sie immer wieder dazu verdonnern, Gäste freundlich zu begrüßen, „bitte" und „danke" zu sagen oder sich für einen Rempler zu entschuldigen. Es wird nichts nutzen. Es mag vielleicht ein wenig lächerlich wirken, einen Siebenjährigen in der gebotenen Höflichkeit zu bitten, seine schlammverschmierten Turnschuhe vom Sofa zu räumen, aber der Ton macht die Musik! Und die Wahrscheinlichkeit, als Antwort ein „Ja gut, mache ich" zu erhalten, ist viel größer, als wenn man losbrüllt: „Wie oft habe ich dir schon gesagt, dass du ... Ich werde noch wahnsinnig mit dir! Bin ich etwa dein Dienstmädchen?"

Wer höflich mit seinen Kindern spricht, wird schon bald hören: „Reichst du mir bitte mal das Salz" oder „Es tut mir leid, das habe ich nicht mit Absicht gemacht". Oder sogar erleben, dass ein Kind auch einmal anklopft, bevor es ins Schlafzimmer poltert. Es ist im Grunde so einfach: Wenn Eltern „bitte" und „danke" sagen, übernehmen das schon die Kleinsten, sobald sie sprechen können. Heißt es jedoch bei jeder Gelegenheit: „Aber dalli! Nun mach schon! Los, gib schon her!", prägt sich das genauso ein. Wer sich also angewöhnt, freundlich und zuvorkommend mit anderen Menschen zu sprechen, transportiert ganz beiläufig die Basislektionen in Sachen Umgangsformen.

Kinder lernen spontan und aus eigenem Antrieb am Beispiel ihrer Mitmenschen, was in ihrem sozialen Umfeld zu wissen, zu glauben und zu können üblich und notwendig ist. Sie warten nicht darauf, Erziehungsportionen verabreicht zu bekommen, sondern greifen selbst zu.

> Unsere Kinder ahmen uns von ihrem ersten Lebenstag an nach. Wie wir die Welt sehen und auf andere Menschen zugehen – auch darin sind wir ihre Vorbilder.

Weltanschauungen entwickeln sich

Die Jahre zwischen drei und elf sind die Denkerjahre der Kinder. In dieser Zeit haben Eltern viele Gelegenheiten, ihre ganz persönliche Lebensphilosophie auf die Kinder übergehen zu lassen, ihre gesellschaftlichen, geistigen und emotionalen Wertvorstellungen an sie weiterzugeben. Die Kinder erarbeiten sich daraus nach und nach ihr eigenes Weltbild.

Bestimmte Regeln zu befolgen, ist dabei nur ein Schritt. Zwar können sich schon Sechsjährige nachdenklich Fragen widmen wie „Warum grüßt man die Nachbarn ihm Treppenhaus?" oder „Wollen wir uns darauf einigen, dass während der Mahlzeiten keiner aufsteht und zum Telefon rennt?" Doch die Glaubwürdigkeit der Eltern hängt von ihrem eigenen Verhalten ab – und daran müssen sie sich messen lassen. Ein entrüstetes „Und dabei macht Papa selbst das ja gar nicht!" ist das beste Argument dafür, das eigene Verhalten zu hinterfragen. Das – neben vielem anderen – macht Kinder für uns Erwachsene so wertvoll: Wir schauen in einen Spiegel, wenn wir auf unsere Kinder blicken. Die haben nämlich ein gutes Gespür dafür, ob Erwachsene sich selbst an das halten, was sie von ihnen verlangen.

Eltern kommen also kaum daran vorbei, über ihr Verhalten nachzudenken. Kinder haben feine Antennen für die Risse in der inneren Haltung ihrer Eltern und ziehen aus Widersprüchen ihre eigenen Schlüsse. Sie formen sich in der Auseinandersetzung mit dem lebendigen Vorbild, das ihre Eltern ihnen geben. Es ist gut, wenn Eltern sich immer wieder daran erinnern.

Vorbild sein: ein 24-Stunden-Job

Eltern sind in allem, was und wie sie etwas sagen, tun und unterlassen, rund um die Uhr Vorbild für ihre Kinder.

▶ *Trotzdem können und müssen Eltern nicht perfekt sein. Kinder lernen auch daraus, wie ihre Eltern mit einer Krise umgehen.*

▶ *Das Bedürfnis nach Vorbildern reicht lange über die Kinderzeit hinaus. In den ersten Jahren des Lebens ist der Bedarf an Halt und Orientierung jedoch besonders groß.*

▶ *Kinder betrachten die Gegebenheiten ihres Umfelds als allgemeingültig. Ihnen fehlt die Fähigkeit, die Verhältnisse kritisch zu hinterfragen. Sie sind die besten Informanten darüber, was in einer bestimmten Umgebung als üblich angesehen wird.*

▶ *Lehrer, Sportler und Prominente sind immer auch Vorbilder und „Miterzieher". Schon deshalb dürfen wir nicht ignorieren, was um uns herum geschieht.*

▶ *Sehen Sie es als Chance, das Vorbild Ihres Kindes zu sein: Was kann sich Ihr Kind von Ihnen abgucken? Welche Einstellungen und Lebensweisen möchten Sie ihm weitergeben?*

Kinder brauchen die Gemeinschaft mit anderen, um sich stark zu fühlen

„Darf ich jetzt oder nicht?"

Das gute alte Machtwort oder wer ist hier der Chef?

„Ich will Tom und Jerry sehen!", verlangt der fünfjährige Jannis. „Hast du denn deine Legosteine schon weggeräumt? Ich finde Tom und Jerry nicht so toll. Und die ganze Werbung zwischendrin, das gefällt mir nicht. Willst du nicht etwas anderes machen?", antwortet seine Mutter. Jannis schüttelt den Kopf. „Ich will Tom und Jerry sehen!" – „Schau dir doch mal ein Buch an!" Jannis legt den Kopf schief. „Bitte! Vorgestern durfte ich auch! Warum denn jetzt nicht?" Das stimmt. Vorgestern hat sie seine Forderung um des lieben Friedens willen einfach abgenickt. „War auch blöd von mir, vorgestern", gibt sie zu, „aber eigentlich finde ich das nicht so gut, wenn du dauernd fernsiehst." Jannis quengelt weiter, die Mutter weicht aus. So geht das eine Weile. Bis Jannis seufzt. „Dann sag doch einfach nein!" Verblüfft schaut seine Mutter ihn an, dann sagt sie ruhig: „Nein!" Jannis trollt sich zu seinen Legosteinen und sagt: „Okay, dann eben nicht!"

Wer Kinder erzieht, muss immer wieder Widerstände überwinden – die eigenen und die der Kinder. Anfangs ist es mühsam, Regeln einzuführen und durchzusetzen. Viel einfacher erscheint es manchmal, mal eben selbst eine halbe Stunde lang das Zimmer aufzuräumen, statt endlose Diskussionen oder Wutausbrüche zu ertragen. Auch wenn Eltern die Überzeugung haben, dass ihr Kind weniger fernsehen sollte, fällt es ihnen schwer, den Medienkonsum ihrer Kinder zu reglementieren. Viele geben klein bei, wenn Taschengelderhöhungen oder teures Spielzeug eingefordert werden. Sie resignieren, wenn das Kind kein Gemüse essen will, und kaufen vitaminisierte Nudeln. Zwar ist es ganz schön anstrengend, täglich darauf zu bestehen, dass mit Messer und Gabel gegessen wird. Aber ist achselzuckendes Nachgeben die Lösung?

Am Ende ist es doch so: Kinder wollen von ihren Eltern beschützt werden und sich darauf verlassen können, dass diese wissen, wo es langgeht. Und was machen wir, wenn die Kinder sich verweigern und zu diskutieren anfangen? Wir lassen uns darauf ein und erläutern ihnen, wieso sie jetzt aufräumen oder schlafen sollen oder warum wir wollen, dass sie den Fernseher ausschalten. Dabei wollen die Kinder das meist gar nicht wissen. Eltern überschätzen sehr häufig das ausführliche Erklären. Denn es führt zu nichts, kleine Kinder allabendlich entscheiden zu lassen, ob sie sich jetzt die Zähne putzen wollen oder nicht, nachdem man einmal mehr sorgfältig begründet hat, warum Mundhygiene wichtig ist.

Fällt es Ihnen schwer, klar und deutlich Nein zu sagen? Üben Sie das Neinsagen mal vor dem Spiegel und probieren Sie verschiedene Gesichtausdrücke und Stimmlagen aus.

Absprachen müssen nicht einschränken

Viele Eltern befürchten, dass sie die Neugier ihrer Kinder dämpfen und ihre Selbstentfaltung behindern, oder sogar, dass sie die Liebe ihrer Kinder verlieren, wenn sie sie in ihrem Verhalten einschränken. Das Gegenteil ist der Fall: Zu große Freiräume können Kinder leicht überfordern, da sie erst lernen müssen, mit verschiedenen Wahlmöglichkeiten richtig umzugehen. Eine liebevolle Umgebung schafft Geborgenheit – mithilfe von Regeln, Ritualen und Abmachungen.

Nicht alles ausdiskutieren

Es ist unser eigenes Bedürfnis, dass unser Kind Verständnis dafür auf-
bringen möge, was wir von ihm wollen. Damit sind ganz kleine Kinder
jedoch noch überfordert. Manchmal hilft es ihnen mehr, von Mutter
oder Vater zu hören: „Ich weiß, was für dich gut ist. Punkt. Ende der
Diskussion". Mit zunehmendem Alter fordern Kinder die Erklärungen dann mitunter schon von selbst ein. Früher war es für Eltern ganz
selbstverständlich, ihrem Kind Vorschriften zu machen und auf deren
Befolgung zu dringen. Wenn große Menschen heute kleine Menschen
großziehen, liegt der Akzent dagegen auf dem Prinzip des Aushandelns.
Dieser Wandel verlangt von den Eltern, sich deutlich mehr auf ihre
Kinder einzustellen. Sie sollen diskutieren, Entscheidungen kindgerecht
begründen und ihre Kinder wann immer möglich mitentscheiden lassen. Grundsätzlich ist das gar nicht so verkehrt. Allerdings vergessen
manche Mütter und Väter dabei, dass sie die Eltern sind. Sie bitten um
Verständnis, wo ihre eigenen Eltern Gehorsam verlangten.

Ein simples „Nein" hat Wirkung

Doch wenn sie nicht immer vergeblich an die Vernunft appellieren wollen, kommen Eltern nicht umhin, auch einmal ein Machtwort zu sprechen. Der Vorteil besteht darin, dass eine unliebsame Episode dadurch
zu einem schnellen Ende gebracht wird und die Luft wieder rein wird
wie nach einem Gewitter. „Du hörst sofort auf, deine Schwester anzuspucken! Schluss damit!" – das kann eine bessere Lösung sein als: „Nun
hör mal zu. Du weißt doch, dass du deine Schwester nicht anspucken
sollst. Was würdest du sagen, wenn sie das mit dir machen würde? …
Ach, sie hat es getan? Und dir dein Puzzle weggenommen? Aber
schau mal, sie ist doch viel kleiner als du, und du hättest es mir
sagen können, anstatt sie anzuspucken. … Nein, das ist nicht
nett – wirklich. … Jetzt werde bloß nicht frech, sonst gibt's heute
keinen Nachtisch! … So etwas darfst du nie mehr zu deiner
Mutter sagen. Geh' sofort in dein Zimmer!"
Mit einem Machtwort wäre die ganze Angelegenheit vielleicht in ein paar Augenblicken vorbei gewesen. Kinder
mögen es durchaus, wenn man ihnen sagt, was sie tun
sollen. Das würden sie so deutlich natürlich nie einfor-

dern, doch sie wollen jemanden, der ihnen hilft, den Regeln zu folgen. Darauf zu beharren, als Erwachsener den Kindern durchaus etwas zu sagen zu haben, ist ein Akt der Liebe und Fürsorge. Kinder spüren das genau und deshalb kann ein freundliches, klares Nein, sparsam verwendet, wahre Wunder wirken.

Werden Kinder jedoch immer nur herumkommandiert, begehren sie schon bald auf, wann immer sich die Gelegenheit bietet. Der Versuch, das Kind früh bei Entscheidungen mitbestimmen zu lassen, lohnt sich also durchaus. Sie freuen sich, wenn sie entscheiden dürfen. Mit einem Vierjährigen kann man sich zum Beispiel zusammensetzen und sagen: „Also, wie machen wir das: Wir können entweder jetzt noch ganz kurz auf den Spielplatz gehen und dann nach Hause. Oder wir kaufen jetzt schnell ein, gehen dann nach Hause und bleiben dafür morgen den gan-

Das Thema Fernsehen birgt viel Konfliktpotenzial – klare Regeln helfen

zen Nachmittag auf dem Spielplatz." Wenn das Kind dann verständnisvoll nickt, kurz abwägt und sich für den ausgedehnten Spielplatzbesuch am nächsten Tag entscheidet, kann die Mutter aufatmen. Denn zu Hause wartet ein Berg Wäsche, die Küche sieht aus wie ein bewohnter Bombentrichter, im Kühlschrank herrscht gähnende Leere und abends kommen Gäste.

Erziehung ist keine demokratische Veranstaltung

In Konfliktsituationen brauchen Kinder Erwachsene, die die Übersicht behalten. Kinder wollen durchaus nicht immer das Gegenteil von dem, was ihre Eltern wünschen. Sie wollen auf ihre Art und Weise einbezogen sein und kooperieren. Dafür brauchen sie Orientierung, klare Vorgaben und eine liebevolle Anleitung.

▶ *Erziehung ist keine demokratische Veranstaltung: Eltern müssen kleinen Kindern nicht alles ausführlich erklären.*

▶ *Kinder sind keine gleichberechtigten Partner. Sie müssen nicht bei allem mitentscheiden dürfen. Besonders, wenn es um ihre Sicherheit geht, muss eine klare Ansage der Eltern genügen.*

Der Familienalltag muss häufig ähnlich durchorganisiert werden wie Arbeitsabläufe in einem Unternehmen. Stellen Sie sich doch einmal vor, Ihre Familie wäre tatsächlich eine kleine Firma:

▶ *Welche Aufgaben haben Sie als Führungskraft?*

▶ *Wie würden Sie Ihre Mitarbeiter motivieren?*

▶ *Was könnten Sie für ein gutes Arbeitsklima tun?*

▶ *Welche Leistungen wären Ihnen wichtig, worauf würden Sie bestehen?*

Kinder wollen Verantwortung übernehmen und gebraucht werden

„Kannst du jetzt vielleicht endlich mal ins Bett gehen?"

Auf die richtigen Worte kommt es an

Jana findet und findet kein Ende. Waschen, Zähneputzen, Vorlesen, ins Bett gehen – das zieht sich endlos hin. „Ich will nur noch was trinken!", „Ich muss dir noch was erzählen!", „Mein Bauch tut weh!" – keine Ausrede ist ihr zu schade, um noch ein kleines bisschen Zeit zu schinden, etwas Aufmerksamkeit von ihrer Mutter zu erhaschen. Ob sie jetzt nicht endlich mal ins Bett gehen könnte, fragt die entnervt. „Nein! Ich will noch nicht!", erklärt Jana. Ihre Mutter verdreht die Augen. „Zeit zum Schlafengehen", versucht sie es noch einmal und wird allmählich sauer. Schon platzt ihr der Kragen: „Du machst mich noch wahnsinnig!" Und schon gibt es wieder Geschrei und Tränen. Für manche Eltern fängt der geruhsame Feierabend an, für Janas Mutter ist es der Beginn eines nervenaufreibenden Theaters.

Oft weiß man schon vorher, dass der Sohn sich wieder weigern wird, abends zu duschen oder die Tochter eine Vorlesegeschichte nach der anderen hören möchte. Ohne es zu wollen, neigen Mütter und Väter manchmal schon im Vorfeld dazu, die Stimme zu erheben. Dadurch fordern sie den Widerstand erst recht heraus. Oder sie betteln und schmeicheln und verhandeln, obwohl der Geduldsfaden schon zum Zerreissen gespannt ist. Rituale sind wichtig, wenn Kinder immer wieder in denselben Situationen provozieren und Eltern sich darüber aufregen – sei es, dass sie das Zu-Bett-Gehen ins Endlose verschleppen, sei es, dass sie morgens nicht aus den Federn kommen. Vielleicht testen Kinder ja nur die Geduld ihrer Eltern. Rituale geben Sicherheit, Regeln wiederum sichern die Rituale. Wenn es zum Bestandteil der Absprache gehört, dass die Kinder abends nach dem Guteknachtkuss im Wohnzimmer nichts mehr zu suchen haben, schützt das die Eltern, die Zeit für sich brauchen. Natürlich stehen die Kinder dann doch wieder auf und haben jede Menge Verlängerungstricks auf Lager. Aber Eltern können freundlich und ruhig auf die Regel hinweisen und darauf bestehen, dass sie eingehalten wird.

> Familienregeln sollen den Bedürfnissen aller zugutekommen. Überlegen Sie gemeinsam mit Ihrem Partner, was Ihnen nicht nur als Eltern, sondern auch als Paar wichtig ist.

Kinder sehen die Notwendigkeit, sich an Absprachen zu halten, schneller ein, wenn sie auf Gegenseitigkeit beruht – Eltern müssen dann auch den Anspruch ihrer Kinder auf eigene, nach Lust und Laune verbrachte Zeit am Nachmittag respektieren.

Der Ton macht die Musik

Doch der Ton unserer Stimme und die Wahl der Worte entscheiden mit darüber, ob es gelingt, Kinder zur Mitarbeit zu gewinnen oder nicht. Allein mit freundlichem Nachdruck können Eltern auch Verständnis für das Kind zeigen: „Es war ein langer Tag für uns beide. Wir haben vorgelesen, die Zähne geputzt und jetzt ist es Zeit zum Schlafengehen. Ich möchte, dass du jetzt ins Bett gehst." Klare Aufforderungen helfen, Streit zu vermeiden, Widerstand zu überwinden und die Mitwirkung der Kinder zu gewinnen. Diese fühlen sich so gar nicht erst gezwungen und sind in der Lage zu erkennen, welches Verhalten angebracht ist.

Denn es hilft ja nichts: Kinder fordern Geduld von ihren Eltern, ohne Rücksicht darauf zu nehmen, wie diese sich gerade fühlen. Sie halten uns auf, wenn wir in Eile sind, und bekleckern uns mit Kakao. Sie quasseln pausenlos, wenn uns schon der Kopf schwirrt. Kinder verlangen, dass ihre Bedürfnisse erfüllt werden, und können unsere Bedürfnisse oft noch nicht wahrnehmen. In angespannten Momenten kommen viele Kinder ihren Eltern wie kleine Monster vor. Eltern, deren Grenzen durch das Kind verletzt werden, gehen oft unüberlegt auf Konfliktkurs. Sie sprechen das störende Verhalten an, indem sie dem Kind sagen, wie ungeschickt oder nervig es ist – und treffen damit das Kind und nicht sein Verhalten: „Musst du denn immer alles kaputtmachen? Finger weg!", „Du nervst. Wie oft soll ich dir noch sagen, dass du mich nicht unterbrechen sollst!" – Sicher müssen Eltern Regelverletzungen ansprechen und darauf dringen, dass auch ihre eigenen Bedürfnisse geachtet werden. Nur wie? Vorwürfe nutzen nicht viel. „Dauernd schreist du hier herum. Du bist eine furchtbare Nervensäge!" – solche Äußerungen steigern die Bereitschaft, sich anders zu verhalten, nicht gerade. Das gilt auch für die Klassiker: „Schmier nicht rum!", „Lauf nicht weg!", „Fass das nicht an!", „Fall nicht!" – das sagen alle Eltern beim Essen, Anziehen, Spielen, Schlafengehen, so dahin, ohne es zu merken. Und die Kinder schalten meistens einfach auf Durchzug.

Mithilfe von Sprache Konflikte vermeiden

➤ Viele Auseinandersetzungen lassen sich umgehen, wenn man eine Sprache der Ehrlichkeit und des Respekts wählt. Nicht „Geh jetzt spielen!" sondern: „Ich möchte gerne ein bisschen in Ruhe lesen. Was möchtest du tun?"

➤ Wichtig ist, die Aufforderungen positiv zu formulieren. Also nicht: „Warum hast du die Stofftiere immer noch nicht aufgehoben?" sondern: „Leg bitte die Stofftiere in den Korb!" Wenn Eltern dagegen eine Auseinandersetzung mit einer Du-Botschaft beginnen, kann diese sich schnell zum Streit hochschaukeln.

➤ Unsere individuelle Sprache lässt sich nicht von heute auf morgen ändern. Aber es lohnt sich, gerade in Konfliktsituationen, bestimmte Gesprächsmuster kritisch zu hinterfragen und neue einzuüben.

„Ich" statt „Du"

Besser geht es mit Ich-Botschaften. Das sind Aussagen, die mit „Ich" beginnen und beschreiben, wie den Eltern bei Regelverstößen zumute ist. Ich-Botschaften helfen dem Kind, Verantwortung für sein Verhalten zu übernehmen, gerade weil sie ihm nicht vorschreiben, was es tun soll. Vorwürfe dagegen greifen seine Selbstachtung an und betonen seine Unzulänglichkeit. Wer hat schon Lust, sein Verhalten zu ändern, wenn er beschimpft oder ständig mit Vorwürfen überhäuft wird? Ich-Botschaften dagegen kommen an, sie verzichten darauf, den anderen zu beschuldigen. Der Sender einer aufrichtigen Ich-Botschaft offenbart dem anderen, wie er sich durch dessen Verhalten fühlt.

Worte können verletzen

Eine klare, unmissverständliche Sprache vermittelt ganz nebenbei auch die Achtung vor dem anderen. Erwachsene neigen dazu, die Gefühle von Kindern als Belanglosigkeit abzutun. „Stell dich doch nicht so an", heißt es schnell, wenn ein Kind sein Eis nicht selbst bestellen will. „Der tut doch nichts", muss sich fast jedes Kind anhören, wenn es sich ans Bein seines Vaters klammert, weil ein Hund neugierig schnüffelnd ankommt. Dabei sind für Kinder Gefühle doch genauso bedeutend wie für Erwachsene, vielleicht sogar noch mehr. Ein Vierjähriger, der sein Feuerwehrauto verliert, spürt dieselbe Verzweiflung wie sein Vater, der den Autoschlüssel nicht findet. Die Enttäuschung einer Siebenjährigen, die ihr Puzzle nicht zusammensetzen kann, ist genauso groß wie die ihrer Mutter, die den verstopften Abfluss partout nicht freikriegt. „Ich will siebzehn Eiskugeln", verlangt ein Fünfjähriger. „So große Lust auf Eis hast du?" oder „Du spinnst doch. Kommt ja gar nicht in Frage!" – entscheiden Sie selbst: Welche Antwort transportiert das Quäntchen Achtung, das wir alle brauchen?

So kommen Ihre Aussagen richtig beim Kind an

Folgende Regeln erleichtern die Kommunikation in der Familie:

▶ *Sätze wie „Bist du denn übergeschnappt?" bewirken nur, dass ein Kind sich schlecht fühlt. Besser: Ich-Botschaften, die ausdrücken, wie den Eltern zumute ist.*

▶ *Reagieren Sie rechtzeitig und positiv, wenn ein Verhalten Sie stört: „Mach bitte …" hört jeder lieber als „Lass das!"*

▶ *Wir denken immer, dass unsere Kinder wissen, was wir wollen. Aber das stimmt häufig nicht. Vergewissern Sie sich also, dass Ihre Botschaft beim Kind angekommen ist.*

▶ *Gehen Sie zu Ihrem Kind, wenn Sie ihm etwas sagen möchten.*

▶ *Schauen Sie Ihrem Kind in die Augen, wenn Sie ihm sagen, was Sie von ihm wollen. Berühren Sie es dabei am Arm oder an der Schulter.*

▶ *Finden Sie deutliche Worte: Kurz, klar und verständlich muss eine Aussage sein, wenn sich ein Kind daran orientieren soll.*

▶ *Versuchen Sie, eher positiv als negativ zu reagieren: „Oh ja, das ist ein schönes großes Messer. Und so scharf! Also lege ich es besser wieder in die Schublade. Eines Tages kannst du auch mit einem großen Messer schneiden."*

▶ *Stellen Sie einen Bezug zu den Konsequenzen her: „Wenn du Julian weiter ärgerst, muss ich dir den Stock wegnehmen", wirkt eher als „Her mit dem Ding. Schluss damit."*

Kinder brauchen Freiheit und Grenzen, um selbstständig zu werden

„Wenn du nicht sofort aufhörst, dann ...‟

Bis hierher – und wie weiter?

„Was hast du dir nur dabei gedacht?‟, schimpft Tims Mutter aufgebracht. Die frisch tapezierte und strahlend weiß gestrichene Wand im Wohnzimmer ist jetzt mit unzähligen bunten Kringeln bemalt. Davor steht, den offenen Filzstift noch in der Hand, eine ziemlich betrübt dreinschauender Tim und schweigt. Seine Mutter fährt wütend fort: „Ich habe dir doch eben noch erklärt, dass du das nicht darfst! Kaum passe ich einen Moment nicht auf ...‟ Der Vierjährige zuckt daraufhin nur mit den Schultern und wirft trotzig den Stift auf den Boden. Nun platzt seiner Mutter endgültig der Kragen: „Mir reicht es!‟, ruft sie. „Der Ausflug ins Puppentheater heute Nachmittag fällt aus und wird bestimmt auch so schnell nicht nachgeholt.‟

Was haben Tims Filzstiftkringel mit dem Ausflug ins Puppentheater zu tun? Der Junge jedenfalls kann keinen Zusammenhang erkennen. Wäre seine Mutter ruhig geblieben, hätte sie vielleicht einen Weg gefunden, Tim an einer Wiedergutmachung zu beteiligen. Mit einem Rest der Wandfarbe das bunte Gekritzel zu überstreichen – das wäre keine Strafe gewesen, sondern eine Konsequenz aus Tims Verhalten. So kann ein Kind lernen, sein Tun und Lassen zu verantworten. Und darum geht es ja schließlich.

> „Das war doch keine Absicht!" Kinder verhalten sich viel impulsiver als Erwachsene und wägen noch nicht so lange ab. Sehen Sie in dieser Spontaneität auch mal das Positive!

Um ihr Verhalten in geordnete Bahnen zu lenken, brauchen kleine Kinder noch die Kontrolle von außen: Sind die Eltern außer Reichweite, geraten sie leicht in Versuchung. Mit vier, fünf Jahren entwickeln Kinder erst langsam ein Gewissen, das wie ein innerer Stellvertreter der Eltern wirkt. Tim schämt sich bereits für seine Kritzeleien, aber vor allem deshalb, weil seine Mutter wütend ist. Das Verbot, Wände zu bemalen, hat der Junge noch nicht verinnerlicht – Regeln hin oder her. Eltern können ihre Kinder dabei unterstützen, dieses innere Steuergerät aufzubauen. „Es sind doch Kinder ...": Nach diesem Motto lächelnd über alle Untaten hinwegzugehen, hilft allerdings genauso wenig wie ein Donnerwetter bei jeder Kleinigkeit. Die Reaktion muss eben angemessen sein.

Gewissen ist mehr als Gehorsam

Über Verbote hinaus verkörpert das Gewissen ein inneres moralisches Gerüst, das Halt und Orientierung gibt. Darin wachsen Ansichten und Werte, die als Richtschnur taugen und das Kind selbstständiger und unabhängiger von seinen Eltern machen. Bewusst und voller Absicht eine Regel zu brechen und etwas Verbotenes zu tun, gehört zu dieser Entwicklung dazu. Aber wie soll ein Kind mitdenken und selbstständig handeln lernen, wenn es von klein auf immer gleich zurechtgewiesen wird, wenn es ungeschickt ist oder etwas Verbotenes getan hat? Selbst Fünfjährigen fällt es noch schwer, sich vorzustellen, was passieren kann, wenn sie ihren Eltern im Freizeitpark weglaufen oder versuchen, ein Tablett voller Gläser von einem Tisch herunterholen. „Aber ich hab' gedacht ...", beginnt dann das Kind vielleicht und bekommt die Antwort: „Überlasse das Denken besser mir." Wer ständig Angst vor Konsequenzen haben muss, traut sich immer weniger zu. Die Fähigkeiten eines Kindes zum Vorausdenken zu wecken, kostet viel Geduld und Nerven, aber es lohnt sich.

Eigenverantwortung und Selbstkontrolle lernen Kinder am besten aus den Folgen, die sich aus ihrem Verhalten ergeben. Wer mit dem Essen spielt, ist satt und kann aufstehen. Wer seinen kleinen Bruder tritt, kann nicht mehr mitspielen. Gibt es keine natürliche Verbindung zwischen der Handlung und den Folgen, wird das Kind jede Konsequenz als willkürliche Bestrafung empfinden. Durch den abgeblasenen Ausflug ins Puppentheater lernt Tim nicht, sich an das Verbot zu halten. Fällt für ein Kind der Nachtisch aus, weil es am Morgen seine Geschwister geärgert hat, wird es möglicherweise erst recht wütend auf diese sein. Das Gewissen reift außerdem mit der Fähigkeit, sich in einen anderen hineinzuversetzen, und das braucht geduldige Erklärungen und Hilfestellungen: „Wie würdest du dich denn fühlen, wenn dir jemand deine Bilder zerreißt?"

Wenn sich das Gewissen meldet, werden Kinder nachdenklich

Konsequenzen sichern die Regel

Am besten ist es, wenn das Kind mithilfe nachvollziehbarer Konsequenzen lernt, die vereinbarte Regel zu verinnerlichen, sodass es sie künftig nicht aus Angst vor den Folgen, sondern aus Einsicht einhält. Die Konsequenz muss deshalb immer etwas mit dem Regelbruch oder der Grenzverletzung zu tun haben – sie muss logisch sein. Das heißt: kein allgemeines Fernsehverbot wegen Faxen am Abendbrottisch. Keine Machtdemonstration seitens der Eltern. Nicht das Kind, sondern sein Verhalten bewerten. Die Botschaft lautet: „Du hast unsere gemeinsame Regel verletzt. Darauf reagiere ich damit, dass ..." Ohne Schimpfen schafft das kaum einer. Aber nur wer selten schimpft, wird etwas damit erreichen. Wenn Eltern dauernd an allem etwas auszusetzen haben, schalten Kinder irgendwann ab. Bessere Erfolge erzielen Eltern, die loben, wenn etwas geklappt hat: „Prima, dass du an der Straßenecke auf mich gewartet hast."

> In einem festgefahrenem Konflikt kann es manchmal helfen, auszusteigen und etwas ganz anderes, Unerwartetes zu tun.

Besuchsverbot für den besten Freund oder Fernsehentzug sind Strafen, zu denen genervte Eltern gerne manchmal greifen. Ob sie allerdings bewirken, dass ein Kind überlegt, wie es sich das nächste Mal besser verhalten kann, ist fraglich. Wenn Hannes voller Eifersucht an der Wiege seines Brüderchens rüttelt und seine Eltern ihn daraufhin in sein Zimmer schicken, wird ihn das in seinem Verdacht, die Eltern hätten das Neugeborene viel lieber, nur noch bestärken. Unter solchen Voraussetzungen kann ein Kind keine Einsicht entwickeln. Solche Reaktionen lassen Kinder nur empfinden, dass sie sich auf nichts verlassen können, dass die Eltern ihre Pläne jederzeit durchkreuzen können und ihre Versprechen sowieso nicht halten.

Die Glaubwürdigkeit bewahren

„Wenn du noch einmal den Ball durch die Wohnung kickst, ist das Vorlesen gestrichen!" Wem rutscht solch ein Satz nicht schnell einmal heraus. Aber Vorsicht, jetzt stehen Sie bei Ihrem Kind im Wort. Die Warnung hat das Kind vielleicht beeindruckt und es verlegt das Fußballspielen wirklich nach draußen, hört in einer anderen Situation auf zu quengeln oder rückt die Puppe der kleinen Schwester wieder heraus. Aber was machen Sie, wenn das nicht so ist? Am Abend ist der Konflikt längst wieder vergessen und es wäre doch herzlos, jetzt nicht vorzulesen ... Tun Sie es doch, verlieren Sie Ihre Glaubwürdigkeit. Lassen Sie es sein, fühlen Sie sich kleinlich und nachtragend.

Konsequenzen für ein Verhalten sollten Sie nur aussprechen, wenn Sie diese auch durchsetzen können und wollen. Was hilft ein drohendes „Wenn du dich nicht sofort anziehst, gehe ich weg und lasse dich alleine hier!", während Sie sonst immer wieder betonen, dass Mama und Papa niemals plötzlich weggehen.

Für ein vierjähriges Kind ist es Strafe genug, wenn seine Eltern mit ihm schimpfen. Durch deren ernsthafte Missbilligung erfährt es deutlich genug, dass es etwas falsch gemacht hat. Kinder wollen die Gunst ihrer Eltern gewinnen und erhalten – aus Liebe und nicht aus Angst vor den Folgen.

Eltern bestehen die Wutprobe

Konflikte mit Kindern schaukeln sich schnell hoch, wenn Erwachsene zu spät handeln und dann keinen kühlen Kopf bewahren. Wenn die Nerven blank liegen und der Wutpegel steigt, muss vor unserem inneren Auge ein Stoppschild erscheinen, das uns daran erinnert, dass Kinder die Schwächeren sind, auch wenn wir uns gerade ohnmächtig fühlen. Steigen Sie aus dem Ring, noch bevor die Situation eskaliert. Signalisieren Sie Ihrem Kind, dass Sie für kurze Zeit auf Abstand gehen. Versuchen Sie, sich wieder zu beruhigen: Werfen Sie ein Kissen an die Wand, atmen Sie tief durch, zählen Sie bis zehn (besser bis 40) oder schauen Sie sich die süßen Babyfotos Ihres Kindes an. Wenn Sie sich beruhigt haben, gehen Sie wieder auf Ihr Kind zu. Sie werden beide erleichtert sein, dass das Gewitter vorbeigezogen ist.

▸ Wie verhalte ich mich in Konfliktsituationen? Gelingt es mir, Ruhe zu bewahren?

▸ Wie erleben mich mein Kind, mein Partner oder Freunde in solchen Situationen?

▸ Welche Rituale zur Beruhigung könnten mir in Zukunft helfen?

Allerdings müssen Kinder auch lernen, dass ihre Eltern Gefühle haben – und äußern: Wenn es ganz offensichtlich ist, dass Ihr Kind Sie austricksen will, dürfen Sie Ihrem Ärger ruhig auch einmal Luft machen. Bleiben Eltern immer nur gelassen, bringt das ein Kind nur dazu, weiter auszutesten, wo die Grenzen sind.

Kinder wollen Dinge alleine tun, das macht sie stolz und stärkt ihr Selbstvertrauen

„Nie darf ich was bestimmen!"

Kinder kooperieren, wenn sie auch gefragt werden

Linas Eltern kennen das schon: Wenn ihre sechsjährige Tochter Übernachtungsbesuch von ihrer Freundin Anna hat, ist sie am nächsten Morgen unausgeschlafen und das Kinderzimmer versinkt im Chaos. Dennoch: Die Familie hat für diesen Tag fest einen Museumsbesuch geplant, die Zeit drängt. „Geht schnell ins Bad und zieht euch an", bittet Linas Mutter, „wir müssen bald los." Lina und Anna stellen sich schlafend. „Außerdem wird noch aufgeräumt!", schiebt die Mutter hinterher. „Nee!", rufen die Mädchen, „Wir sind noch sooo müde." Linas Vater kommt hinzu und stellt ebenfalls fest, dass die Unordnung so nicht bleiben kann. „Habt ihr vielleicht einen Vorschlag?" fragt er die Mädchen. Die Freundinnen flüstern kurz, dann erklärt Lina: „Wir räumen jetzt die eine Zimmerhälfte auf und die andere später, wenn wir zurückkommen." „Versprochen!", ergänzt Anna fröhlich.

Kinder sind kooperativer, als wir denken, und zeigen uns ihr gutes Recht, ernst genommen zu werden. Indem ihre eigenen Bedürfnisse respektiert werden, lernen sie, auch andere ernst zu nehmen. Lina und Anna wollen erst nur einen Teil der Unordnung im Kinderzimmer beseitigen und nach dem Ausflug den Rest aufräumen – Linas Eltern akzeptieren dieses Angebot. Durch die Kompromissbereitschaft der Eltern fällt es Kindern viel leichter, selbst einmal einzulenken, wenn etwa die Mutter sagt: „Ich bin furchtbar müde, lass mich einen Moment ausruhen, dann lese ich dir vor!"

Im Austausch mit Sechsjährigen hat man schon einen großen Verhandlungsspielraum gewonnen. Die Kinder wollen alles ganz genau wissen und erklärt bekommen. Die Erklärungen der Eltern werden immer wichtiger. Auf diese Weise kommen Sie dem Wunsch Ihres Kindes entgegen, die Welt und ihre Regeln zu verstehen. Aber überschätzen Sie dabei noch nicht die Kraft Ihrer Argumente. Mit klaren Regeln, einer positiven Erwartungshaltung, Ermutigungen und Ihrem Vertrauen unterstützen Sie Ihr Kind, sich Schritt für Schritt in der Erwachsenenwelt zurechtzufinden.

Kleine Kinder brauchen klare Strukturen

Regeln und Rituale müssen an das Alter der Kinder angepasst sein. Kleinkinder sind die geborenen Entdecker: furchtlos, rastlos, erfinderisch. Die Zeiten sind stürmisch, denn die Entdeckung des eigenen Willens macht ihnen und ihren Eltern ganz schön zu schaffen. Versuchen Sie, mit möglichst wenigen Regeln und Verboten auszukommen. Diese müssen klar und einfach sein und immer wieder geduldig erklärt und wiederholt werden. Achten Sie darauf, dass Sie dabei in gutem Kontakt mit Ihrem Kind sind: anschauen, hingehen, anfassen. Besser Sie sagen ihm, was es tun soll, und nicht, was es nicht tun soll. Ein verlässlicher Tagesrhythmus und einige Rituale beim Schlafengehen, beim Essen und beim Spielen, geben kleinen Kindern die Sicherheit und die Orientierung, die sie brauchen, um mit ihren Eltern kooperieren zu können. Ablenkungen und Ersatzangebote sind ganz wichtige Hilfsmittel für dieses Alter. Wer nicht die Kontoauszüge der Eltern zerschnippeln soll, braucht keinen Scherenentzug, sondern reichlich Bastelmaterial. Wer gerne mit Wasser plantscht, muss ins Badezimmer gehen, im Wohnzimmer ist das verboten.

Bei älteren Kinder gewinnen soziale Erfahrungen an Bedeutung: Vierjährige brauchen das Zusammensein mit anderen Kindern, um ihre Fähigkeiten zu entfalten und um ihre Grenzen zu erfahren. Mit der Zeit verstehen sie, dass zu guten Spielen verlässliche Regeln gehören. Die liebevolle Unterstützung der Eltern hilft ihnen dabei: Wer seinen Spielkameraden haut, braucht kein Besuchsverbot, sondern ein bisschen Anleitung, wie er einen Streit ohne Handgreiflichkeiten lösen kann.

Ältere Kinder wollen kooperieren

Durch Regeln innerhalb der Familie können Kinder lernen, die Grenzen der Eltern zu wahren. Am besten gelingt ihnen dies, wenn sie dabei ein Stück weit mitbestimmen dürfen: Benjamin möchte immer noch jede Nacht zu seiner Mama ins Bett schlüpfen. Die Mutter denkt, dass es für ihren Vierjährigen aber langsam an der Zeit ist, alleine zu schlafen. Sie verbietet ihm nicht grundsätzlich das nächtliche Kuscheln – stattdessen darf er sich aussuchen, an welchen beiden Wochentagen es noch erlaubt ist. Benjamin freut sich jetzt immer auf diesen beiden Nächte, die zu einem richtigen Familienritual werden. Genauso ist er stolz, wenn er an den anderen Tagen dafür gelobt wird, dass er die vereinbarte Regel einhält.

Vernunft kann ein Kind nur aus Einsicht entwickeln, nicht aus Angst vor den Konsequenzen. Dafür ist es wichtig, dass Sie Ihr Kind an Entscheidungen beteiligen.

Kinder lernen Mitbestimmung

▸ *Verbote oder Einschränkungen sind für Kinder manchmal nur schwer zu ertragen. Beziehen Sie Ihr Kind bei den Absprachen mit ein, ist es vielleicht immer noch traurig oder enttäuscht, aber es fühlt sich wenigstens nicht übergangen.*

▸ *Oft ist es eher eine Frage der inneren Haltung als des immer richtigen Verhaltens, achtsam miteinander umzugehen. Manchmal brauchen Sie dafür sicher viel Geduld, aber es lohnt sich: Gegenseitige Rücksicht und vielfältige Möglichkeiten zur Mitbestimmung für Kinder bereichern das Familienleben.*

Die besten Regeln wachsen mit

Bei Kindern im Vorschulalter werden Ablenkungen, die bei jüngeren Kindern oft unerlässlich sind, mehr und mehr überflüssig. Ermutigungen wie „Ich weiß, dass du das schaffst!" stärken sowohl die Bereitschaft des Kindes zu kooperieren als auch seine Selbstachtung. Ihre Anerkennung ist Rückenwind für die Entwicklung der Selbstständigkeit. Wenn Ihr Kind eine wichtige Regel verletzt, können sie ihm das mit aller Entschiedenheit sagen. Aber behalten Sie dabei im Hinterkopf, dass es ohne solche Überschreitungen nicht Ihre und seine Grenzen kennenlernen kann.

Für Schulkinder gewinnen Gespräche mit ihren Eltern an Bedeutung. Hören Sie gut zu, damit sie verstehen, was Ihr Kind beschäftigt und ihm wichtig ist. Beschwichtigungen, Besserwisserei und Schuldzuweisungen untergraben die Bereitschaft der Kinder, Verantwortung zu übernehmen und selbstständiger zu werden.

Kreativ und flexibel bleiben

Ganz anders wirkt ein Zuhören, das verstehen will, ohne sich einzumischen. Denn wenn Kinder sich verstanden fühlen, können sie selbst weiterdenken – und arbeiten an der Lösung mit. So wie Marie und Julius: Die Geschwister würden am liebsten das ganze Wochenende im Schlafanzug bleiben. Ihre Mutter möchte aber, dass sie aufstehen, sich anziehen und zum Frühstück kommen, das wenigstens am Wochenende ohne Hektik stattfinden soll. Eine hoffnungslose Situation, die regelmäßig im Krach endet, bis der fünfjährige Julius vorschlägt, dass sonntags die ganze Familie im Schlafanzug frühstückt – dann seien er und seine Schwester auch bereit, sich samstags direkt nach dem Aufstehen anzuziehen. Oft braucht es nicht mehr als ein kleines Angebot, eine Einladung zur Mitwirkung, die den Kindern signalisiert, dass sie wichtig sind und ihre Bedürfnisse gesehen werden. Schon sind sie bei der Sache und lassen sich etwas einfallen. Von Eltern verlangt das oft nicht mehr, als von ihrem ursprünglichen Plan abzuweichen und sich ausschließlich auf das gewünschte Ergebnis zu konzentrieren – den Weg dahin kann man oft getrost den Kindern überlassen.

Der Familienrat tagt

Im alltäglichen Miteinander können Kinder lernen, ihre Meinung zu äußern und das Familienleben aktiv mitzugestalten. Die Gründung eines Familienrates regt zum gegenseitigen Austausch an: Einmal in der Woche setzen sich Eltern und Kinder zusammen und besprechen, was jeder auf dem Herzen hat. Unzufriedenheiten und Probleme kommen dabei ebenso auf den Tisch wie schöne Erlebnisse oder etwa die Freizeitplanung für das nächste Wochenende. Der Familienrat ist auch ein guter Rahmen, um über bestehende Regeln zu sprechen und gemeinsam neue aufzustellen oder alte abzuschaffen. Wichtig ist, dass Entscheidungen des Familienrates gemeinsam getroffen werden sollen. Jeweils ein Familienmitglied übernimmt im Wechsel den Vorsitz der Ratssitzung und achtet auf einen respektvollen Umgang miteinander, zum Beispiel darauf, dass jeder ausreden kann.

Mit diesen Fragen können Sie sich auf das „Projekt Familienrat" einstimmen:

◤ Inwieweit lasse ich meinem Kind Möglichkeiten zur Mitbestimmung? Bin ich bereit, ihm zuliebe auch Kompromisse einzugehen?

◤ Nehme ich mein Kind als gleichberechtigtes Familienmitglied wahr?

◤ Versuchen alle für eine gute Atmosphäre in der Familie zu sorgen?

◤ Welche Themen würde ich gerne einmal in Ruhe mit meiner Familie besprechen?

Kinder brauchen die Liebe ihrer Eltern wie die Luft zum Atmen

„Warum müssen wir uns nur immer so viel streiten?"

Kinder streiken, um sich Gehör zu verschaffen

„Wann stehst du endlich auf? Wenn du dich nicht beeilst, komme ich zu spät zur Arbeit!" Lukas versteckt sich im Bett und lässt seine Mutter vor sich hin schimpfen. „Lass mich in Ruhe," knurrt er unter seiner Decke hervor, „ich will schlafen." Seine kleine Schwester Eva zieht ihm kichernd die Decke weg. Lukas ballt die Fäuste und stürzt sich auf sie. Kreischend rennt sie aus dem Zimmer und stolpert im Flur über einen Schuh. Das Geheul ist ohrenbetäubend. Wenige Minuten später fegt Lukas Mutter ins Kinderzimmer und schreit: „Wo bleibst du? Wie oft soll ich dir noch sagen, dass du dich anziehen sollst!" Lukas hockt im Schlafanzug auf dem Boden, spielt mit seinem Lego-Raumschiff und murmelt, ohne seine Mutter dabei anzuschauen: „Ich gehe heute nicht in den Kindergarten." „Hör auf mit dem Blödsinn und zieh dich an. Jeden Morgen das gleiche Spiel!", sagt sie erschöpft.

Lukas hat mit der Zeit gemerkt, dass er sich durch widerspenstiges Verhalten die Aufmerksamkeit seiner Mutter sichern kann. Seit diese eine neue Arbeitsstelle hat, ist das für den Fünfjährigen gar nicht mehr so einfach. Wenn er sie morgens einfach überhört oder beim Anziehen trödelt, beginnt sie zu schimpfen – das ist zwar nicht schön, aber immer noch besser als gar nicht beachtet zu werden. Hinter jedem Konflikt steckt eine Botschaft, die entschlüsselt werden muss, bevor eine Lösung entwickelt werden kann. Auch Lukas Mutter muss zunächst erkennen, dass das Verhalten ihres Sohnes nicht direkt gegen sie gerichtet ist, sondern er den alten Zeiten nachtrauert. In einer ruhigen Minute vertraut Lukas ihr nämlich an, dass er es viel schöner fand, als morgens noch mehr Zeit war. „Was machen wir denn jetzt?", fragt sie ihn. Lukas hat eine Idee: „Legst du mir eine Anziehstraße wie früher? Dann steh ich auch auf." „Abgemacht", willigt seine Mama ein und fügt hinzu: „Den Nachmittag halte ich mir heute für dich frei. Du darfst dir wünschen, was wir machen!"

> Provozierendes Verhalten zielt oftmals nur auf eines ab: Ihre Aufmerksamkeit zu erhalten. Vielleicht hilft Ihnen in solchen Situationen der Gedanke: „Schön, dass mein Kind mich braucht!"

Loben wirkt Wunder

Viele Familien sind in einem Teufelskreis gefangen, der auch deshalb so zuverlässig funktioniert, weil die Eltern das unangebrachte Benehmen der Kinder immer wieder mit Aufmerksamkeit belohnen. Versuchen Sie, dem positiven Verhalten Ihres Kindes mindestens genauso viel Beachtung zu schenken. Sie werden Ihr Kind viele Male am Tag dabei ertappen können, etwas richtig gut zu machen. Loben Sie es dafür! Ihre Ermutigungen helfen Ihrem Kind, sich etwas zuzutrauen und sich immer besser einschätzen zu lernen. Ungeteilte, positive Aufmerksamkeit ist das größte Geschenk, das Eltern Ihren Kindern machen können. Ihre Anerkennung kann außerdem wie eine sanfte Verhaltenskorrektur wirken, denn gelobtes Verhalten wird in der Regel wiederholt.

Machtspielchen vermeiden

Tischmanieren, Fernsehzeiten und Geschwisterstreit: Der Familienalltag steckt voller spannungsgeladener Situationen. Ist das Familienklima ohnehin gereizt, suchen Kinder den Konflikt meist genau dort, wo sie die Verletzlichkeit ihrer Eltern spüren. Mit ihren feinen Antennen erkennen sie, wann Eltern empfindlich, unsicher oder hilflos reagieren und wann ihnen etwas ernst ist oder nicht. Einige Kinder widersetzen sich offen, andere ziehen passiven Widerstand vor und stellen ihre Ohren auf Durchzug. Bitten, überreden, drohen – ehe sich Eltern versehen, sind sie in einen Machtkampf verwickelt, der sich langsam hochschaukelt und nicht selten damit endet, dass das Kind doch seinen Willen bekommt. Oder am Ende ertönt ein heftiges Machtwort, das keine Widerrede zulässt. Es ist ein Dilemma: Eltern, die das Kind zu etwas zwingen, missachten es. Wenn sie um des lieben Friedens willen alles durchgehen lassen, verletzen sie die Achtung vor sich selbst. In dem Moment, wo sich ein Kind als der stärkere Part empfindet, verliert es die Sicherheit. Um dies auszugleichen, bleibt ihm nur, die als manipulierbar erlebten Eltern selbst zu überragen. Auf der anderen Seite erreichen Eltern, die stets auf ihre Macht pochen, vielleicht Gehorsam. Aber jedes Mal, wenn sie ihr Kind unter Druck setzen, versagen sie ihm auch eine Gelegenheit, Selbstverantwortung zu üben und Ärger zu äußern, ohne den anderen zu verletzen.

Aus Konflikten lernen

Wenn es im Familienalltag immer wieder zu Auseinandersetzungen kommt, muss dies kein Anzeichen dafür sein, dass Sie schlechte Eltern und Ihre Kinder schlecht erzogen sind. Sehen Sie es als eine Herausforderung, die es zu meistern gilt. Auf das „Wie" des Streitens kommt es an: Versuchen Sie, den Auseinandersetzungen die Schärfe zu nehmen, Teufelskreise zu vermeiden und immer wieder innezuhalten. Durch eine positive Streitkultur lernen Kinder, die eigenen Interessen zu vertreten, Phantasie für Kompromisse zu entwickeln und auch einmal eine Niederlage einzustecken. Sie sind die Wegbegleiter Ihres Kindes und müssen an vielen Kreuzungen mal die Ampel auf Rot, mal auf Grün stellen oder auch die Orangephasen nutzen – es gilt, gesunde Regeln zu vereinbaren und auch das Recht der Kinder auf Selbstbestimmung zu achten. Der Respekt und die Achtung, die wir unseren Kindern entgegenbringen, sind die einzige Garantie dafür, dass sie dies auch uns gegenüber zeigen.

> Zu verhandeln und sich gegenseitige Zugeständnisse zu machen, ist eine wichtige Erfahrung für Kinder, die gerade lernen, wie man fair miteinander streiten kann.

Eltern müssen nicht perfekt sein: Für unsere Kinder sind nicht die Fehler entscheidend, die wir machen, sondern wie wir damit umgehen. Sich entschuldigen können, versöhnlich und veränderungsbereit sein, das gibt Kindern Kraft und Mut.

Kleine Schritte bringen große Erfolge

Das Klima in der Familie positiv zu verändern, ist meist einfacher, als es scheint. Fangen Sie klein an, aber dafür gleich heute!

▶ *Schaffen Sie Inseln im Alltag: Jeden Tag eine Zeit lang ganz füreinander da zu sein, ist ein Lebenselixier für Eltern und Kinder.*

▶ *Verändern Sie Ihren Blickwinkel: Hat Ihr Kind eine Chance mitzubekommen, was Sie gut finden? Oder kritisieren und schimpfen Sie viel? Schenken Sie Ihrem Kind gerade in Situationen, die Sie erfreuen oder erstaunen, Ihre Aufmerksamkeit.*

▶ *Stimmen Sie sich ab: Wir denken immer, dass unsere Kinder wissen, was wir wollen. Aber das stimmt häufig nicht. Vergewissern Sie sich besser, ob Ihre Bitte überhaupt angekommen ist.*

▶ *Fragen Sie Ihr Kind nach seiner Meinung: Ziehen Sie seine Vorschläge ernsthaft in Erwägung, Kinder kommen oft auf bemerkenswerte Ideen.*

▶ *Seien Sie wie ein guter Gastgeber: Leicht störendes Verhalten oder Missgeschicke können Sie taktvoll übersehen – Humor hilft dabei.*

▶ *Reagieren Sie rechtzeitig und positiv: Reservieren Sie strikte Verbote am besten nur für ganz wichtige Fälle. Trauen Sie Ihrem Kind etwas zu. Mit Regeln und Konsequenzen können Sie lenken und gegenlenken.*

ZUM WEITERLESEN

Bücher für Kinder

Chris Haughton
Oh nein, Paul!
Sauerländer Bilderbuch 2012

Eigentlich will Paul ein braver Hund sein, aber wenn sein Herrchen das Haus verlassen hat, fällt es ihm nicht leicht, seinen Versuchungen zu widerstehen. Der Kuchen duftet einfach zu lecker und Paul buddelt einfach zu gerne in den Blumentöpfen … Ein humorvolles Bilderbuch über Regeln und wie man gegen sie verstößt. *ab 4 Jahren*

Valérie Larrondo, Claudine Desmarteau
Als Mama noch ein braves Mädchen war
Beltz 2012

Eltern erzählen ihren Kindern gerne, wie lieb sie selbst früher waren, dass sie nie Schimpfwörter benutzt und ihren Teller immer leer gegessen haben. Dieses Bilderbuch handelt von solch einer Mutter, die auch ein ganz braves Mädchen war. Das erzählt sie jedenfalls – die Bilder jedoch zeigen eine andere Geschichte. *ab 5 Jahren*

Brigitte Raab, Manuela Olten
Warum muss ich das?
Von Aufräumen bis Zähneputzen
Oetinger 2006

Die Kinder in diesem Buch wissen genau, warum welche Regeln sinnvoll sind. Zum Spaß überlegen sie sich aber auch andere, fantasievolle Begründungen. Wie Marie, die sich vorstellt, mit Stelzen durch ihr unaufgeräumtes Zimmer zu laufen. Auf witzige und kindgerechte Weise wird das Thema Regeln vermittelt. *ab 4 Jahren ,*

Bücher für Erwachsene

Jesper Juul
Das Familienhaus
Wie Große und Kleine gut miteinander auskommen
Kösel 2012

Mit seinem neuen Buch möchte Jesper Juul Eltern zu mehr Gelassenheit im Erziehungsalltag ermutigen. Er beschreibt darin Familie als ein Haus mit vielen Gefühlen. In jedem Zimmer warten, vom Trotzalter bis zur Pubertät, Themen, die Eltern und Kinder bewegen.

Jan-Uwe Rogge
Eltern setzen Grenzen
Partnerschaft und Klarheit in der Erziehung
Rowohlt Taschenbuch 2010

Aus seinen zahlreichen Seminaren mit Pädagogen und Eltern greift der Familienberater Jan-Uwe Rogge wichtige Fragen rund um die Themen Grenzen, Konsequenzen und Rituale auf. Seine anschaulichen und alltagsnahen Beispiele führen zu einem besseren Verständnis der Kinder.

Klaus Hurrelmann, Gerlinde Unverzagt
Kinder stark machen für das Leben
Herzenswärme, Freiräume und klare Regeln
Verlag Herder 2008

Herzenswärme – Freiräume – klare Regeln: drei Eckpfeiler, die der bekannte Pädagoge Klaus Hurrelmann allen Eltern als „magisches Dreieck" ans Herz legt. So wird Erziehung übersichtlich und Kinder gewinnen Selbstsicherheit und Selbstständigkeit.

Die Autorin

Gerlinde Unverzagt ist freie Journalistin und Autorin zahlreicher Bücher zu den Themen Erziehung, Familie und Partnerschaft. Sie hat vier Kinder und lebt mit ihrer Familie in Berlin.
Mehr von und über Gerlinde Unverzagt können Sie lesen in „Mutti packt aus" (erschienen 2012 bei Ullstein unter dem Pseudonym „Lotte Kühn") oder auf der Website der Autorin: www.gerlinde-unverzagt.de.

Impressum

„Kinder brauchen Regeln" ist ein Sonderprodukt der Zeitschrift *mobile* und des Internetauftritts www.mobile-elternmagazin.de.

Alle Rechte vorbehalten
© Verlag Herder Freiburg im Breisgau 2013
www.herder.de

Titelfoto: Getty Images
Fotos Innenteil:
Seite 4, 19, 22, 30, 34, 40, 46: Getty Images
Seite 10, 28: Corbis
Seite 12: lagom – Fotolia
Seite 16: Almgren – Fotolia
Seite 38: archives – iStockphoto
Seite 49: Nicole Effinger – Fotolia
Seite 52: Heidi Velten, Leutkirch-Ausnang
Seite 58: Monkey Business – Fotolia

Illustrationen: Julia Dürr, www.juliaduerr.net
Layoutkonzept: Manuela Wiedensohler, www.schwarzwald-maedel.de
Satz und Layout: Arnold & Domnick, Leipzig
Herstellung: Graspo CZ, Zlín
Printed in Czech Republik

ISBN: 978-3-451-00679-1